LA CUARTA OLA

OCUPE SU LUGAR EN LA NUEVA ERA DE LA MISIÓN

RON BOEHME

EDITORIAL JUCUM

Editorial JUCUM forma parte de Juventud con una Misión, una organización de carácter internacional.

Si desea recibir gratuitamente un catálogo de libros y materiales comuníquese con:
Editorial JUCUM
P.O. Box 1138, Tyler, TX 75710-1138 U.S.A.
Teléfono: (903) 882-4725
www.editorialjucum.com

La cuarta ola: Ocupe su lugar en la nueva era de la misión

Versión española: Antonio Pérez
Edición: Miguel Peñaloza
Publicado por Editorial JUCUM
P.O. Box 1138, Tyler, TX 75710-1138 U.S.A.

Publicado originalmente en inglés con el titulo de
The Fourth Wave: Taking Your Place in the New Era of Missions

Publicado por YWAM Publishing
P.O. Box 55787, Seattle, WA 98155 U.S.A.

Primera edición 2013

ISBN 978-1-57658-736-2

Impreso en los Estados Unidos

A Enkhsuren, mi hija mongola,
Bold y Dorjhand,
Sodoo y Aldaraa,
Y a la primera generación de la iglesia en Mongolia.

Ustedes son el nuevo rostro de la misión,
una gran delicia para el Padre Celestial.
Que caminen triunfantes sobre los hombros de los que les han precedido.

Índice

Agradecimientos 7
Prefacio 9
Introducción 13

Parte 1 La historia es «su Historia»

1. Cambio de marea 19
2. Olas antiguas 29
3. La ola de la Iglesia Primitiva 41
4. ¿Qué causa las mareas altas? 49

Parte 2 La Era Moderna de la misión

5. La primera ola de la misión moderna: A las costas (1730-1850) 65
6. La segunda ola de la misión moderna: Hacia el interior (1850-1930) 77
7. La tercera ola de la misión moderna: A los pueblos no evangelizados (1930 hasta el presente) 91
8. Globalización 109
9. Cambio asombroso 123

Parte 3 La Cuarta Ola

10. Todas las edades 133
11. Todas las nacionalidades 137
12. Evangelizar a todos 143
13. El uso de tecnologías innovadoras 147
14. Énfasis en las relaciones 157

15. En todas las esferas de la vida 163
16. Todo creyente participa en la misión 177

Parte 4 Un tsunami espiritual

17. ¿Cómo puedo subirme a la ola? 185

Epílogo: Breve comentario sobre la persecución y el sufrimiento 193
Apéndice: Organizaciones y recursos online 197
Notas 199
Bibliografía 213
Preguntas para la reflexión o el coloquio 217

Agradecimientos

Yo no soy la persona más cualificada para escribir este libro; no obstante, el verme compelido a calificada una licenciatura me ayudó a dar el salto para emprender la investigación necesaria en el invierno y la primavera del año 2010. Con la ayuda de muchos pudimos completar una tesis sobre La cuarta ola en la Universidad Northwest, Kirkland, Washington, en mayo del 2010.

Treinta y siete años de servicio misionero preceden a la tesis que propone este libro. Estoy profundamente agradecido con Juventud con una Misión, con sus líderes valientes y entregados y con miles de obreros en todo el mundo que han contribuido a madurar mi perspectiva en las últimas cuatro décadas. Gracias de modo especial a Loren Cunningham, Leland Paris, Lynn Green y Peter Iliyn por la influencia de su liderazgo y por su confianza. No tendría nada que decir acerca de este tema si no hubiese conocido a JUCUM Nueva Zelanda en el otoño de 1972. Esa experiencia se narra en el primer capítulo.

Me gustaría dar las gracias a los miembros de la cohorte inaugural del Liderazgo de Misiones de la Universidad Northwest —Ray y Sandy Jennings, Nick Buehler, Bethany von Steingbergs, Tyson DeVries, Dale Oquist, Dave Westman, Andrew Fox, Jeff Duchemin y Fred Boyd, por su pasión por el liderazgo cristiano, su amistad y sus enardecidos debates durante nuestro curso de licenciatura, todo lo cual condujo a realizar este proyecto. Estoy agradecido a Joe y Nancy Saggio por proporcionar hospitalidad y dirección sólida a nuestro estudio. También me gustaría dar las gracias a Ed y Sue Giaimo por las muchas conversaciones estimulantes que entablamos y la acogida dispensada en su hogar, durante varias semanas de estudio en Kirkland.

Me gustaría dar las gracias a toda la buena gente de la Editorial JUCUM por su visión y excelente labor en este proyecto, especialmente a Tom Bragg, Warren Walsh, Ryan Davis y Luann Anderson, así como a Mary Calvez y Nancy Aguilar por su inestimable ayuda editorial y revisión final del manuscrito. Gracias de manera especial a mis padres, Robert y Mary Boehme, por su constante apoyo en este proyecto, incluido el talento editor de papá. También, a Lori Varick por su excelente contribución editorial. Y a mi amada esposa Shirley, compañera de vida y de misión. A Dios sea la gloria por sus olas maravillosas de salvación, que alcanzan su plenitud en Jesucristo, y envía a sus amigos redimidos hasta los confines de la tierra.

Prefacio

La mañana en la que recibí el manuscrito del libro de Ron Boehme me encontraba casualmente dando una clase de historia de la misión y expresando mi frustración a los estudiantes por mi incapacidad de tratar adecuadamente un tema tan digno en el tiempo asignado. Volví a casa para escudriñar La cuarta ola y me topé con un río refrescante de discernimiento conciso, detallado, apasionado y profético sobre el tema de la misión global.

El agudo análisis de Ron se alimenta de arroyos que nacen en historias interesantes, verdades bíblicas y gran impulso de salir al mundo con el evangelio de Jesucristo. Los casi cuarenta años de involucramiento de Ron en la labor misionera y su bien conocida capacidad de enseñanza hacen de este libro una lectura obligatoria para surfistas sazonados como yo. Y tal vez usted también. Todos necesitamos, como dijo el general William Booth «una patadita en el trasero» para llegar a ser generaciones futuras de jóvenes surfistas que se atreven a encerar la tabla, mojarse los pies, darse la vuelta y encaramarse sobre la cuarta ola.

Jesús dijo que hallamos tesoros de sabiduría de lo alto mezclando lo aprendido ayer (lo viejo) con lo que Dios nos está enseñando hoy (lo nuevo). «Todo maestro de la ley religiosa que se convierte en un discípulo del reino del cielo es como el propietario de una casa, que trae de su depósito joyas de la verdad tanto nuevas como viejas» (Mt. 13:52). Este libro se ocupa de ambas: Ron nos anima contándonos casos de lo que Dios ha hecho en la historia de la misión y después nos reta a lanzarnos a un futuro emocionante.

Los movimientos de avivamiento fracasan cuando lo viejo no acierta a ver lo que Dios está haciendo en el presente, o lo nuevo, cegado por el avivamiento presente, no logra comprender que se apoya en hombros de los gigantes de la historia del avivamiento. Ron demuestra que los que cabalgan sobre la divina ola de la misión actual contarán con esta sabiduría para guiar sus maniobras por entre los tiburones y otros predadores de alta mar que huelen a los surfistas —adquiridos a precio de sangre— de la ola definitiva de Dios a las naciones.

Lo más cerca que Occidente ha estado del avivamiento en nuestro pasado reciente es el movimiento de Jesús y su primo hermano, el movimiento carismático. Aunque ninguno de ellos ha sido contemplado por los historiadores como avivamientos a gran escala, ambos contienen elementos de los grandes avivamientos de nuestra historia. Tras cuarenta años de historia apreciamos la sabiduría de las palabras de Jesús. Los arroyos de renovación arraigados en «la fe encomendada una vez por todas a los santos» (Jud 3, NVI) prosperaron y crecieron. Los que se impresionaron con el presente a expensas del pasado pronto fueron víctimas de su propio orgullo.

Jesús advirtió que el vino nuevo del movimiento del Espíritu Santo debía almacenarse en odres nuevos. A través de la historia Dios ha demostrado que él honra a los que preparan nuevos recipientes para este vino. Él parece deleitarse en las nuevas iniciativas audaces, llamativas, de los jóvenes («vuestros hijos e hijas profetizarán... tendrán visiones los jóvenes...») en la medida que sepan apreciar su historia y los «sueños de los ancianos» (Hch 2:17-21). La cuarta ola nos proporciona un manifiesto para el avivamiento que sabemos que todos necesitamos —un movimiento intergeneracional de Dios que asombrará incluso a los ángeles.

Yo vivo a treinta minutos, en auto, de un lugar donde se pueden presenciar algunas de las olas más grandes y majestuosas del mundo: la playa norte de Oahu. Estas montañas móviles son originadas por tormentas ocurridas a miles de kilómetros de distancia, que atraviesan el Pacífico ayudadas por el viento cuando sopla en la dirección correcta. Estas olas gigantes deleitan a esas pocas almas valerosas llamados surfistas, que se atreven a cabalgar sobre ellas. Se suele decir que una ola en la bahía de Waimea contiene energía suficiente como para iluminar una semana la ciudad de Nueva York. Quiera Dios, quien es «más poderoso que el estruendo de las muchas aguas» (Sal 93:4), crear una ola de misión sobre la que todos podamos viajar, que contenga el agua viva de su Espíritu y que refresque a las naciones.

Los guerreros de fin de semana y los playeros al sol valen a cinco centavos la docena. No sea usted uno de ellos. Lea La cuarta ola de Ron Boehme y ocupe su puesto en el creciente tsunami divino del amor de Cristo por las naciones.

Danny Lehmann
Juventud con una Misión, islas Hawai

Introducción

Es una cuestión de salvación —a escala global.

Dios siempre ha tenido en mente llegar a todo ser humano que hay en el mundo con su amor y su perdón gracias a la muerte y la resurrección de Cristo. A este plan lo llamamos *misión.*

Como misionero con treinta y siete años de experiencia en Juventud con una Misión (JUCUM), he creído a lo largo de varias décadas que el eje de la historia es la misión. En pos de esa meta, he tenido el privilegio de predicar a Cristo en más de sesenta países del mundo a partir de 1970. En este tiempo el rostro de la misión ha cambiado considerablemente. Exploraremos estos cambios y sus implicaciones en las próximas páginas.

En los últimos dos mil años se han usado varias palabras o frases para describir el avance del evangelio en el mundo. El apóstol Pablo y los primeros cristianos hablaron de su «misión» de predicar a Cristo en Jerusalén, Judea y hasta los confines de la tierra (Hch 1:8 y 21:19).[1] Después del avance experimentado por la iglesia en la Edad Media, se extendió el uso de la palabra «misión» para designar la predicación de la fe con una proyección transcultural.[2] Actualmente, el «participar en la misión» es una expresión favorita de muchos comprometidos con el mensaje de Cristo.[3] Por lo que respecta a este libro, usaré estos términos como sinónimos para designar el progreso de la fe cristiana en las naciones —aunque enfatizaré la más nueva expresión de «participar en la misión».

En este libro, examinaremos las tendencias actuales de evangelización que se apoyan en dos mil años de empresa misionera. ¿Qué clase de fuerza misionera está levantando Dios en el siglo XXI para completar la Gran Comisión? ¿Cuál será la composición y el enfoque de una tendencia que muchos denominan la *cuarta ola de la misión moderna*?

Mi investigación me ha llevado a concluir que la próxima ola de misión se apoyará en los puntos fuertes del pasado, aunque introducirá una nueva era de participación individual nunca vista en anteriores intervenciones de Dios. El libro comentará con detalle:

- cómo las olas de evangelización del pasado prepararon el escenario para el movimiento actual del Espíritu Santo en el mundo;
- cómo las últimas tres olas de la misión moderna fueron necesarias para precipitar la cuarta;
- qué tipo de personas y países se implicarán;
- cuál puede ser el fruto de la última ola del amor de Dios en las naciones

He recurrido a tres métodos distintos para analizar las tendencias de la misión moderna y hacia dónde nos conduce el futuro. *Histórico*: Podemos aprender mucho de los movimientos que Dios usó en la historia de la misión. Hay un gran tesoro acumulado de literatura sobre este tema por el que estoy muy agradecido. Me apoyaré en los textos de historiadores y misionólogos que han narrado el pasado como predicción para el futuro. *Conceptual*: La predicción del futuro está de alguna manera anunciada en las tendencias históricas, pero corresponde, en definitiva, al ámbito de la conjetura. En mis treinta y siete años de servicio ha ido creciendo en mi mente y corazón una idea evolucionada del futuro misional viendo surgir una nueva clase de misionero en muchas partes del mundo. *Teológico*: La misión es una parte del «estudio de Dios», objeto de la teología. La misionología es un elemento vital de la teología para entender la obra de Dios en la tierra, ya que Dios participa en el negocio de las personas (Juan 3:16).

Los datos necesarios para este proyecto proceden de libros, artículos, páginas web, conferencias, enseñanzas y estadísticas misioneras compiladas por historiadores y líderes de misión en muchas partes del mundo. He consultado bastantes expertos en estos campos, como Kenneth Scott Latourette, Ruth A. Tucker, David Barrett, Todd Johnson, Patrick Johnstone, Ralph Winter y las publicaciones de algunas de las principales sociedades misioneras del mundo.

También me he apoyado fuertemente en la perspectiva de varios autores y misionólogos en el campo de la misión actual y futura. Espero que mi amplia investigación internacional en el campo compense mi sesgo literario hacia la misión occidental.

Yo creo que la narrativa bíblica y la historia de la expansión del evangelio desde la antigüedad se pueden explicar mejor a través de varias «olas» de evangelización que ha orquestado el Espíritu Santo —comenzando en los tiempos del Antiguo Testamento— (capítulo 2). El día de Pentecostés, él lanzó la primera ola de penetración del cristianismo tan pronto como los cristianos judíos compartieron las buenas nuevas de Cristo con sus conciudadanos en Jerusalén, y miles se añadieron a la iglesia. El reino de Dios se extendió entonces a los gentiles tras la visita de Pedro a la casa de Cornelio y la propagación de la fe a los no judíos por medio del apóstol Pablo. Después de siglos de persecución, olas de evangelización penetraron en todo el imperio romano (capítulo 3).

Durante la Edad Media, varios monjes y monasterios impulsaron el avance de la fe cristiana. Más tarde, la actividad misional recibió un impulso en Europa, incluyendo los redescubrimientos bíblicos de la Reforma protestante y la correspondiente Contrarreforma de la Iglesia Católica. No obstante, según el misionólogo Ralph Winter, fundador del Centro Estadounidense de Misión al Mundo, la misión moderna comenzó en 1792, cuando William Carey, primer misionero protestante, zarpó rumbo a la India.[4] Esta primera ola de la misión moderna se centró en las *costas* del mundo (capítulo 5).

La segunda ola de la misión moderna comenzó en el siglo XIX con la exploración territorial del interior de África realizada por David Livingstone, y por otros misioneros, como Hudson Taylor, que predicaron el evangelio en las regiones del interior de China. Por esa época el avance misionero ya estaba en proceso de globalización, habiendo comenzado en los puertos del mundo y desplazándose después hacia el *interior* (capítulo 6).[5] Durante el siglo XX, el enfoque misionero se desplazó desde las costas y el interior a una tercera ola de misión a los pueblos no alcanzados, que sumaban trece mil en total (capítulo 7).[6] Cuando fueron escritas estas líneas, había en el mundo menos de mil etnias que no han sido objeto de actividad misionera. Más de dos mil millones de personas en todo el mundo profesan la fe de Cristo. Con todo, hay aproximadamente otros dos mil millones, principalmente musulmanes, budistas e hinduistas que no han sido evangelizados.[7]

Los movimientos divinos del pasado y las tres olas misionales modernas han decorado el escenario para la cosecha final (capítulos 8 y 9). Yo creo que la cuarta ola de la misión moderna ya ha comenzado, y que involucrará lo siguiente: gentes de todas las edades y nacionalidades que predican las buenas nuevas a todos los seres humanos, usando tecnologías innovadoras y un planteamiento basado en las relaciones en todas las esferas de la vida. Esta nueva ola será tratada desde el capítulo 10 al 16.

La cuarta ola de la misión moderna supone profundas implicaciones para la iglesia —todos y cada uno de nosotros—. He aquí lo que importa: por primera vez en la historia, los creyentes de toda nación sobre la tierra pueden ser misioneros. Por cuanto la Reforma protestante restauró el concepto del sacerdocio de todos los creyentes, la cuarta ola restaurará el concepto de que todo creyente ha sido llamado a hacer misión, esto es, a ir y hacer discípulos de todas las naciones.

Yo creo con todo mi corazón que usted, como muchos millones de personas que creen en Jesús y buscan la dirección de Dios para sus vidas, hallará su destino divino sobre la cresta de esta ola. Este libro ha sido escrito para ayudarle a prepararse, incorporarse y subirse a la tabla.

Usted ha nacido para un tiempo como éste (Ester 4:14).

Parte 1

La historia es «su Historia»

«La evangelización del mundo ha sido plan de Dios desde el principio».

—Dave Davidson

«La obra misionera cristiana es la cosa más difícil que hay en el mundo. Sorprende que haya sido emprendida».

—Stephen Neill

«Dios se propone como objetivo global, con pasión omnipotente, congregar ante sí adoradores gozosos de toda tribu, lengua, pueblo y nación. Él siente un entusiasmo inagotable por la supremacía de su nombre entre las naciones. Ajustemos, pues, nuestros afectos a los suyos; por amor a su nombre, renunciemos a la búsqueda de consuelos mundanos y sumémonos a su propósito universal».

—John Piper

Capítulo 1

Cambio de marea

VIVIMOS TIEMPOS de asombrosos cambios:

- Urbanización — las gentes se trasladan a las ciudades
- Globalización — las economías y las culturas están estrechamente entrelazadas
- Explosión demográfica — nos vamos acercando a los diez mil millones
- Magia tecnológica — ¿contamos con las últimas novedades?
- Choques culturales, numerosas guerras
- Las más grandes esperanzas, sueños, preocupaciones y temores de todos los tiempos

Yo creo que los mayores desafíos están por llegar. Un flujo creciente de actividad ocupará el centro de la escena en el siglo XXI. Uno de estos cambios de marea será más importante que los anteriores: *La cuarta ola.*

Una transformación profunda.

«Cambio de marea» es una metáfora valiosa porque a veces es sutil, pasa desapercibida. Recuerdo cuando presencié por televisión la caída del muro de Berlín, en 1989, en un centro de conferencias cercano a las cataratas del Niágara, en el estado de Nueva York. Este profundo cambio en la historia del comunismo soviético, que afectó especialmente a las naciones europeas, había sido una lenta marea ascendente que muy pocos notaron o predijeron. Curiosamente, yo vi venir ese cambio tres años antes de que se produjera.[1] Algunos *cambios de marea* se producen lenta o silenciosamente. Los ciclos del Niño y la Niña (fluctuación de las temperaturas del océano Pacífico que tanto influyen en el clima global) tardan años en alcanzar su apogeo y después oscilan en dirección opuesta. El tsunami en el océano Índico que golpeó Indonesia, Sri Lanka y otras naciones asiáticas, en el 2004, fue consecuencia del segundo terremoto más potente registrado en la historia (entre 9,1 y 9,3 grados en la escala de Richter), y de más larga duración en los anales de la historia (entre 8,3 y 10 minutos). Envió silenciosamente olas monstruosas de hasta 30 metros, que arrasaron las costas de varias naciones asiáticas, matando aproximadamente a 230.000 personas. Ellas no las vieron venir.

Yo creo que la mayor parte de la iglesia y del mundo no acierta a distinguir el gran cambio que se ha producido en la misión cristiana en las últimas décadas. Una nueva ola de evangelización está comenzando a barrer las «naciones» del mundo, algo que los misionólogos denominan la cuarta ola de la misión moderna. Juventud con una Misión (JUCUM) es un claro ejemplo de ese cambio de marea.

Cuando me incorporé a JUCUM a principios de los años setenta, constituíamos básicamente una sociedad misionera de raza blanca, de clase media, compuesta de trescientos obreros fijos. En la actualidad, JUCUM cuenta con un personal de dieciséis mil miembros a tiempo completo, naturales de 150 países, que laboran en casi todas las regiones de la tierra, de los cuales, un 60 por ciento son de diferentes razas.[2] ¿Indica este cambio un viraje importante en el planteamiento de las misiones del siglo XXI? Yo creo que sí, y usted puede formar parte del mismo.

Me gustaría que en este capítulo usted conozca algunas cosas que están sucediendo y que marcan los cambios profundos que se están produciendo en la misión. Mientras medita en cada uno de ellos, intente adivinar de qué nación o región del mundo se trata.

Comencemos la gira con la muestra A.

De la pobreza a la riqueza

En la década de los cincuenta, este país era uno de los más pobres de la región. Tenía una larga historia de tinieblas espirituales y conquistas foráneas y estaba reducido a escombros por una guerra que llevaba su nombre.[3] Cien años antes de la guerra habían llegado al país centenares de misioneros cristianos procedentes de más de una docena de países. Fundaron algunas de las primeras escuelas, diarios, hospitales e iglesias que conociera la nación. Muchos de esos misioneros murieron jóvenes debido a la enfermedad e intensa resistencia. Pero echaron los cimientos.

En 1907 el norte del país experimentó un fuerte avivamiento espiritual —surgido en su ciudad más populosa, llamada por aquel entonces la «Jerusalén de Oriente».[4] No obstante, cincuenta años después estalló la guerra y el paisaje quedó reducido a cenizas. Se auguraba un futuro muy tenebroso.

Luego, en una generación, las semillas de la misión comenzaron a brotar. Mediante un avivamiento asombroso, oración, duro trabajo y modernización, esta nación, golpeada y rota, llegó a ser uno de los países con más conversos, más mentalidad misionera y más ricos de toda Asia. La explosión de la fe cristiana en el país ha contribuido ciertamente a su tremenda transformación experimentada en las últimas décadas.

Actualmente Corea del Sur es un tigre asiático porque su pueblo tuvo un encuentro con el «León de Judá» —Jesús y sus amigos misioneros— durante la tercera ola de la misión moderna (que examinaremos en el capítulo 7).

Conocí el caso increíble de Corea del Sur, sus iglesias y su campaña global de evangelización tras hacer varios viajes al país. Oramos en el templo de la iglesia Yoido Full Gospel —la congregación más grande del mundo, con más de ochocientos mil miembros—.[5] Visitamos el cementerio misionero Yanghwajin, una pequeña parcela de terreno escondida entre los muchos rascacielos de Seúl, donde 517 misioneros de trece países reciben honra por su abnegado servicio.[6]

Corea puede presumir actualmente de contar con varias de las iglesias más grandes del mundo y es el sexto país que más misioneros envía (por delante de Gran Bretaña, Alemania y Canadá). Los creyentes coreanos esperan poder enviar cien mil misioneros para el año 2030. *Los coreanos jugarán un papel importante en la cuarta ola de la misión.*

Pasemos ahora a la muestra B.

Mirar hacia el futuro, no hacia el pasado

Resulta difícil creer que después de la *Era de las exploraciones* esta nación fuera relativamente desconocida hasta principios del siglo XIX, e incluso por ese entonces sólo estaba abierta a los extranjeros en parte. Aunque un dirigente ambicioso del siglo XV enviara grandes barcos comerciales por todo el mundo (algunos con hasta cuatrocientos pasajeros a bordo), y descubriera América setenta años antes que Cristóbal Colón,[7] sus proezas se perdieron para la historia, y el país quedó sumido en constante rebeliones y tinieblas espirituales.

Una violenta revolución acaecida en el país en el siglo XX provocó la muerte de millones de personas y aisló aún más a esta nación del mundo desarrollado. No obstante, en la década de los «setenta» Dios comenzó a regar las semillas plantadas durante siglo y medio de presencia misionera en todo su territorio y envió un avivamiento en medio de gran persecución, pobreza y sufrimiento. Ese avivamiento barrió las zonas rurales del país y prendió en las ciudades. Un empuje paralelo de modernización industrial catapultó al país a la vanguardia del siglo XXI.

En la actualidad, esta nación hasta hace poco retrasada —China— se ha convertido en una potencia espiritual, con más cristianos evangélicos que los EEUU,[8] y en la segunda economía mundial.[9] Los cristianos chinos comparten la visión de enviar millones de misioneros a través de Asia Central (movimiento *Vuelta a Jerusalén,* que comentaremos en el capítulo 8).

He viajado a China bastantes veces y me entusiasma el futuro que tiene por delante. En el 2008 visité el Templo del Cielo, en el centro de Pekín, durante los juegos olímpicos, y pensé en el emperador Zhu Di de la dinastía Ming (cuyo título dinástico era Yongle), que convocó al mundo a visitar ese lugar en 1421. Para extender su invitación, envió 250 barcos de abastecimiento y otras 3.500 naves por los mares. La mayor parte nunca regresó. Unos cuantos meses después de zarpar, Pekín fue alcanzada por los rayos y quedó reducida a cenizas. China cayó entonces en el caos y las tinieblas por varios siglos, para volver a emerger en las postrimerías del siglo XX.

Mientras nos encontrábamos en el hermoso jardín del Templo del Cielo, una joven se acercó para meditar y orar a la entrada. Nos comentó que estaba buscando al Dios viviente. Oramos por ella y la alentamos. Representaba a más de mil millones de chinos cuyo destino y función en el siglo XXI están siendo definidos. Algo parece cierto: *Los creyentes chinos formarán parte de la cuarta ola de la misión.*

Milagros similares están sucediendo en otras partes del mundo. Veamos la muestra C.

De religión muerta a celo misionero

Esta parte del mundo es un continente que ha experimentado algunos cambios asombrosos en el último siglo. Hablemos primeramente de todo el continente y después de uno de sus países.

Esta área del mundo ha sufrido pobreza crónica y explotación humana. Comparada con otro continente del hemisferio norte, hace doscientos años, esta región tenía el doble de esclavos que vivían en condiciones mucho peores que las de su vecino más rico. A pesar de ello, ese vecino suele ser tenido históricamente por el mayor explotador de esclavos.[10] Si uno hubiera tomado el pulso espiritual de esta región en 1900, habría obtenido un resultado inquietante. Muchas personas eran religiosas nominales, pero de la variedad tibia o mortecina. La mayoría de la gente no asistía a cultos regulares, y si se les hubiera preguntado si conocían a Jesús personalmente, o si habían nacido de nuevo, sólo unos cincuenta mil habrían respondido que sí.

Actualmente, más de *cien millones* de latinoamericanos dicen «Sí», y muchos de ellos son pentecostales, con un corazón volcado a la evangelización y la misión.[11] El pueblo latinoamericano se ha acercado a la vida en las últimas generaciones. En algunos países la población evangélica se aproxima al 40 por ciento. Latinoamérica solía ser una región pobre, subdesarrollada, nominalmente católica. Pero hoy, varias naciones del continente ocupan un lugar preponderante en las misiones.

Un ejemplo a resaltar es Brasil, país anteriormente aludido, que tenía el doble de esclavos que EEUU. Considerado tiempo atrás uno de los más grandes campos de misión —la cuenca del Amazonas— es hoy el segundo país emisor de misioneros del mundo.[12] Los *brasileños* han puesto su mira en alcanzar centenares de grupos étnicos —también de países musulmanes—. Una historia personal ilustrará su influencia creciente.

Me encontraba dirigiendo una campaña misionera en Albania en 1991, justo dos años después de la apertura de la Cortina de Hierro. Albania fue un país dominado por el islam durante cuatro siglos antes de sufrir siete décadas de comunismo despiadado. Fue el primer país que manifestó ser ateo. Cuando llegamos a Albania, el 70 por ciento de los varones estaban desempleados, y no existía el comercio. Nos alojamos en casa de una mujer que había usado veinte años el mismo vestido. Sin embargo, Dios empezaba a moverse en el corazón de la gente.

Un día fuimos invitados a predicar las buenas nuevas en una aldea montañosa. Nuestros anfitriones nos informaron que los cristianos nunca habían ministrado allí (al menos en los últimos quinientos años). Nuestro grupo mostró su entusiasmo al expresar el amor de Dios en este territorio virgen. No obstante, cuando llegamos, conocimos un grupo de brasileños ¡activamente comprometidos en establecer una iglesia! Nos sumamos encantados a su esfuerzo pionero.

Un viento fresco está soplando por gran parte de Latinoamérica. Los brasileños ministran por todo el mundo; Argentina ha experimentado un avivamiento, lo que ha resultado en algunas de las iglesias bastante grandes. Un continente antes muerto o dormido rebosa hoy de celo misionero. *Los latinoamericanos formarán parte de la cuarta ola de la misión.*

Pero, ¡espere! Hay otra vitrina sorprendente que muestra la historia de otro continente y nación. Tómese tiempo para visitar la muestra D.

Antes objeto de oración, ahora intercesora

Esta vasta región del mundo estuvo casi totalmente aislada del evangelio por un milenio. Algunos datos históricos se conocían de los pueblos del norte, pero casi nada de los que poblaban las regiones centrales y sureñas.

Entonces un joven audaz y aventurero, que se convertiría en gran celebridad del siglo XIX, emprendió algunas de las exploraciones más increíbles en estas tierras misteriosas y las abrió al mundo. Sus libros alcanzaron instantáneamente récords de ventas y pusieron esta región, cargada de recursos, en el corazón y oraciones de millones de personas. Poco después, los misioneros comenzaron a viajar a este enorme continente para compartir el amor de Cristo.

No creo que haya habido otro continente más puesto en oración que África, que se abrió a la misión cristiana tras los viajes y aventuras de David Livingstone en el siglo XIX (comentaremos la segunda ola misional en el capítulo 6). No obstante, en el siglo XXI, los que antes recibían oración están empezando a ser líderes de intercesión. He aquí la historia de cómo la nación de Sudáfrica —la tierra del apartheid— llegó a ser tierra de arrepentimiento y oración.

En julio de 2000 Dios conquistó el corazón de un empresario sudafricano, Graham Power, con una visión basada en 2 Crónicas 7:14. En marzo del año siguiente, más de 45.000 creyentes se congregaron para celebrar un Día de Arrepentimiento y Oración en un estadio de rugby en Ciudad del Cabo. Fue un día de intensa intercesión que logró que la oración se extendiera al resto de Sudáfrica.

En febrero de 2002, Graham Power tuvo una segunda visión. Toda África se unía para celebrar un Día de Arrepentimiento y Oración, para que el continente fuera «una luz para el mundo». Por último, África iba a invitar a todas las naciones del mundo a sumarse a este movimiento de intercesión transformadora.

El 2 de mayo de 2004 se hizo historia, cuando los cristianos de las cincuenta y seis naciones africanas participaron en el primer día continental de Arrepentimiento y Oración por África. Numerosas comunidades, aldeas, villas y ciudades, celebraron reuniones de oración. En Sudáfrica participaron 277 comunidades.

El Día de Oración Global —nacido en África y dirigido por africanos— aglutina actualmente a cristianos de más de 220 países cada mes de mayo para clamar a Dios. Es el movimiento más grande en la historia del mundo.[13] África solía ser objeto de oración de las naciones desarrolladas. Actualmente el continente africano es un ejemplo al mundo de oración e intercesión fervientes. *Los africanos formarán parte de la cuarta ola de la misión.*

Haremos una última parada en nuestra gira misionera global: la muestra E.

De guerrero a embajador de paz

Hay en el mundo un grupo de países extremadamente resistentes a las buenas nuevas de Jesucristo. Este bloque religioso ha conocido un pasado desigual que incluye logros literarios y técnicos (del siglo VIII al siglo XIII), control totalitario, abrumadora pobreza y atropello de los derechos humanos. Algunos de sus adeptos más extremistas pretenden dominar el mundo mediante la *jihad* o guerra santa violenta.

Este grupo, compuesto por más de cuarenta naciones, se extiende desde el Norte de África a Medio Oriente, y desde Asia Central a Indonesia y se conoce como mundo musulmán.

En ese mundo nació Mosab Hassan Yousef en 1978, en Ramala, Palestina, 10 kilómetros al norte de Jerusalén. Su padre, Sheikh Hassan Yousef, fue fundador de Hamas (acrónimo del «Movimiento de Resistencia Islámica»), considerada organización terrorista por la Unión Europea, Israel, Japón, Canadá y EEUU.

Cuando Mosab era pequeño deseaba ser luchador porque eso es lo que se esperaba de los niños árabes en Cisjordania. Fue arrestado a los diez años, durante la primera Intifada, por arrojar piedras a los colonos israelíes. Luego fue arrestado y encarcelado por los israelíes en repetidas ocasiones. Por ser el primogénito de su padre, era considerado heredero y llegó a jugar un papel importante en la organización de Hamas.

Yousef fue encarcelado por la Agencia de Seguridad de Israel (ISA) en 1996. Por ese tiempo aprendió las severas formas de tortura que usaba Hamas. Entonces fue cuando comenzó a dudar de la validez de la jihad —especialmente al racionalizar el sufrimiento de personas inocentes durante los ataques—. Poco después, la fe de Yousef en el islamismo militante se resquebrajó y decidió hacerse confidente de Israel.

Después de salir de la cárcel en 1997, Yousef era considerado la fuente más fiable en el liderazgo de Hamas, La información que Yousef facilitaba al servicio de inteligencia israelí descubrió una serie de células y tramas de Hamas. En consecuencia, docenas de ataques suicidas e intentos de asesinato de autoridades israelíes fueron frustrados, incluso un plan de asesinato del presidente Simón Peres.

En 1999 Yousef conoció a un misionero británico que le dio a conocer el amor de Cristo. Después de un año de búsqueda espiritual, Yousef entregó su vida a Jesús (Isa en lengua árabe), fue bautizado, y en el 2007 se trasladó a los EEUU, donde sigue creciendo en la fe.[14]El anhelo del corazón de Yousef es hoy instaurar la paz en Oriente Medio a través del Príncipe de Paz. Y no está solo. Otros cristianos que ministran discretamente en la región aseguran que muchos musulmanes están acudiendo a Cristo en una proporción sin precedentes. Tom Doyle, director de Oriente Medio-Asia Central de e3 Partners (Socios de e3), afirma: «Probablemente en la última década, más musulmanes se han convertido a Cristo que en los quince siglos de islam».[15] En el verano del 2010, doscientos ex musulmanes fueron bautizados en una conferencia de capacitación celebrada en Europa y presidida por el evangelista natural de Irán Lazarus Yeghnazar. Los musulmanes han recibido visitaciones y revelaciones milagrosas de Jesús en varios países en los últimos años.[16] En Irán ha florecido un movimiento clandestino de iglesias en casas, que integra a miles de creyentes en Jesús.[17] *Los creyentes de pasado musulmán formarán parte de la cuarta ola de la misión.*

Futuros cambios

Como hemos visto, vastos movimientos hacia Cristo están teniendo lugar en muchas partes del mundo. La composición de la iglesia se está desplazando geográficamente. La aplicación de la fe a la vida familiar, la empresa, la política y muchos aspectos de la cultura supone un sorprendente cambio de marea. Pero los grandes cambios están aún por llegar.

¿Qué puede suceder en los años venideros? Veamos:

- ¿Millones de musulmanes mesiánicos implicados en la misión global?
- ¿Diez millones de chinos misioneros y una iglesia china en cada esquina?

- ¿Incremento del islam en Europa o la re-evangelización del continente por sus antiguas colonias?
- ¿El colapso o la renovación de los EEUU?
- ¿Algún tipo o forma de gobierno mundial? Sólo Dios lo sabe, y él nunca lo dice.[18]

Lo que sí sabemos es que la cuarta ola de la misión moderna ha comenzado, y que influirá de manera importante en las cuestiones mencionadas. Hay una tarea por hacer y su realización cambiará enormemente al siguiente capítulo de la historia.

Así pues, a la historia nos aventamos, ya que Dios ha lanzado muchas olas de misión en los últimos cinco mil años. He aquí una idea importante para recordar: *su noción de la historia determinará cómo vive su vida.*

Capítulo 2

Olas antiguas

Si usted es hinduista y cree que la historia es cíclica, seguramente no mejorará sus circunstancias, sino que tratará sencillamente de sobrevivir. (Esta mentalidad es en parte responsable de la inmensa pobreza que plaga la India.) Si es comunista y cree que la historia avanza hacia una utopía colectivista, se esforzará por imponer una revolución que consiga esa meta. (Piense en China comunista y en Cuba). Si es fundamentalista musulmán, puede intentar generar gran caos en el mundo para imponer la ley *sharia* en todos los países con objeto de instaurar el triunfo definitivo del islam. (¿Le viene a la memoria Irán o Arabia Saudí?) Si se apoya en una mentalidad secular, probablemente vivirá buscando el «aquí y ahora» sin poner la mira en la eternidad. (Esto es obvio en muchos ciudadanos estadounidenses y europeos).

La Biblia presenta una concepción lineal de la historia. Dios es Autor y Consumador del escenario humano y dirige los asuntos de los hombres hacia su conclusión final, centrada en torno al señorío de Jesucristo. Los creyentes tienen una tarea que cumplir en el curso de la historia: «Vayan por todo el mundo y prediquen la Buena Noticia a todos» (Marcos 16:15). La transmisión del mensaje de salvación y las enseñanzas de Jesús a toda persona y nación acarreará muchas bendiciones para la cultura y la sociedad humanas y preparará el camino a un reino eterno de amor y luz.

El estudioso de la Biblia y de la historia sabe también que este impulso hacia adelante se ha producido gracias a olas sucesivas a través de miles de años. Mi primer encuentro con la misión cristiana tuvo que ver con las olas —olas de jóvenes que aparecían en las playas del mundo.

En 1972 viajé a Nueva Zelanda para buscar a Dios. No es que pensara que él existía exclusivamente allí, sino que se nos había abierto una puerta a otros tres jóvenes universitarios y a mí para hacer una pausa en nuestros estudios y viajar al otro lado del mundo para ser discipulados, evangelizar y crecer en una fe aún joven.

Corría el mes de octubre; Loren Cunningham, fundador de Juventud Con Una Misión, proclamaba un mensaje desde el pódium a los jóvenes de la YMCA (Asociación Cristiana de Jóvenes), en Auckland. Él, Don Stephens, director de Naves de Esperanza, y el hermano Andrés, fundador de Puertas Abiertas, se encontraban de gira para reclutar obreros para la misión en todo el mundo, después de la primera campaña de JUCUM con motivo de los Juegos Olímpicos de Munich, en Alemania. La villa olímpica había sido castigada por un ataque terrorista que provocó la matanza de ocho atletas israelíes. Los jucumeros y otros creyentes se echaron a las calles de Munich para compartir rosas y oraciones con gentes compungidas en un conmovedor despliegue de amor y reconciliación.

Loren compartía la visión que Dios le había dado en 1959. Aseguraba que Dios le había mostrado que olas de jóvenes llegarían a las costas de todo el mundo para compartir su fe. Fue una gran visión. Contemplaba las «olas» en mi imaginación, rompiendo contra las playas, y pensé que era fantástico que los jóvenes fueran protagonistas. No me di cuenta en aquel momento que los jóvenes nunca habían participado de manera importante en la evangelización del mundo. Cuando Loren hizo una llamada al altar de la misión, yo fui uno de los primeros en levantarme del asiento y salir al frente. Pregunté a los tres hombres dónde podía firmar.

Algo —más bien Alguien— agitaba mi corazón, me llamaba a sumarme a las olas de jóvenes que llegaban a todas las naciones de la tierra.

Aquel encuentro inicial me llevó a Europa, después África, después las tres Américas, y finalmente Asia. A lo largo de cuatro décadas llegué a la conclusión de que el Dios amoroso del universo ha estado lanzando olas de redención durante miles de años. Algunas de esas olas de salvación eran ciertamente muy antiguas.

Una misión desde el otoño

¿Se ha preguntado alguna vez por qué el Antiguo Testamento es dos veces más extenso que el Nuevo? Contiene una descripción de nuestros orígenes, libros proféticos, poesía, listas genealógicas y muchas guerras entre pueblos y naciones.

Pero ese no es el énfasis principal. La historia del mundo antiguo es la historia divina de la salvación revelada en muchas fases, u olas. Sobre esta historia descansa nuestro mundo moderno. Aunque algunos intentamos escabullirnos de la lectura del Antiguo Testamento, yo creo que Dios hizo que fuera dos veces más extenso que el Nuevo porque sabía que sus relatos, lecciones, principios y fundamentos eran cruciales para llevar a cabo su plan en la historia.

Desde la caída de la humanidad en el jardín del Edén, el principal énfasis sobre la tierra ha sido cómo traer salvación a una raza de rebeldes y negadores de Dios. La historia del mundo antiguo, tal como se revela en el Antiguo Testamento, proporciona muchas claves respecto a los medios y métodos divinos para llevar a la gente a una relación con él.

Necesitamos volver a enamorarnos de la narrativa del Antiguo Testamento. Contiene potentes e impresionantes olas de salvación.

Noé y el diluvio (Génesis 6-9)

La primera gran ola de salvación de la historia antigua contuvo literalmente las olas más grandes que han chocado contra la tierra: *El Diluvio*. Su principal propósito fue revelar el corazón adolorido de Dios por la rebelión del hombre y juzgar la tierra por sus pecados (Génesis 6). Fue una ola de juicio. Pero ocho personas —la familia de Noé— se subieron en la cresta de aquella ola por fe y fueron salvas del cataclismo que se cernió sobre toda la tierra. Noé y su familia protagonizaron un nuevo comienzo del mundo porque creyeron y obedecieron.

Podríamos llamarlo el «Avivamiento del Diluvio», en el que solo ocho personas fueron salvas. Noé y su familia fueron rescatados porque él halló favor en los ojos del Señor (Gn 6:8), anduvo con Dios (Gn 6:9), y fue predicador de justicia (2 P 2:5). Veremos estas mismas características en muchos de los futuros líderes misioneros.

Abraham y la nación de Israel (Génesis 12-25)

La siguiente ola relevante de salvación divina tuvo lugar en torno al 2000 a.C., cuando Dios halló un hombre en Ur de Caldea llamado Abram. El Señor le llamó a dejar su país de origen para ir a una tierra desconocida, le enseñó fe y amistad y le probó intensamente. Cuando superó la prueba, Dios le cambió el nombre a Abraham y le prometió: «Ya que me has obedecido y no me has negado ni siquiera a tu hijo, tu único hijo, juro por mi nombre que ciertamente te bendeciré. Multiplicaré tu descendencia hasta que sea incontable, como las estrellas del cielo y la arena a la orilla del mar. Tus descendientes conquistarán las ciudades de sus enemigos; y mediante tu descendencia, todas las naciones de la tierra serán bendecidas» (Gn 22:16-18).

El pacto Abrahámico, aparentemente una onda en la vasta marea oceánica de la salvación divina, continuó a través de su hijo Isaac, su nieto Jacob, y se mantuvo letárgica en la esclavitud de Egipto por cuatrocientos años. Hizo falta que naciera un hombre, cuyo nombre significa «rescatado de las aguas», para lanzar la siguiente gran ola de salvación en el Antiguo Testamento.

Moisés y el Éxodo (Éxodo 1-15)

Algunos podemos identificarnos con Moisés. Él fue un siervo de Dios tímido, reacio —un hombre que actuó por sí mismo, asesinó a un egipcio, y casi echa a perder el destino que Dios le había preparado—. Sólo después de cuarenta años de «Instituto Bíblico en el Desierto» Moisés volvió a encontrarse con YO SOY EL QUE SOY y aceptó a regañadientes dirigir la siguiente ola antigua de salvación.

Esa ola, *El Éxodo,* sacó dos millones de personas de Egipto después de una exhibición del poder de Dios y de la impotencia de los ídolos egipcios. En esta inquietante narrativa, olas literales desafiaron el poder de la naturaleza. Para que los hijos de Israel pudieran escapar de las garras de faraón y de sus hordas, Dios hizo que las aguas del mar Rojo se alzaran a ambos costados —¡olas inversas!— lo que permitió su salida. Luego Él ordenó que las olas ejecutaran su función normal —aplastar y hundir a los egipcios que habían procurado mantener a Israel en esclavitud.

De este modo, la nación de Israel fue salvada, librada y establecida aquel día como pueblo redimido. Poco después, en el mismo desierto que Dios hablara a Moisés desde una zarza ardiente, el Señor de salvación dio su código moral —los Diez Mandamientos— al pueblo con la esperanza de que lo pusieran en práctica y lo compartieran con el mundo. Fallaron en cumplir su asignación, pero la formación y el establecimiento de Israel como nación de pacto fue la mayor plataforma de lanzamiento de las olas de salvación subsiguientes. Ésta conduciría finalmente a la venida del Mesías Salvador, Jesucristo, y a todas las olas de evangelización resultantes que comentaremos en los próximos capítulos.

La pequeña nación de Israel sigue siendo fundamental en la historia del mundo, y aparece en los titulares mediáticos casi todos los días. Otra ola de salvación ha de venir aún a los judíos contemporáneos por medio de la que «todo Israel será salvo» (Ro 11:26).

Antes de comentar ese día providencial, resaltemos otras olas de salvación recogidas en la historia del Antiguo Testamento. Éstas fueron tiempos de oración, renovación, dedicación y consagración de muchas personas que se volvieron al Señor en sus respectivas generaciones. Ellas sirven de parvularios para lo que Dios va a hacer en nuestro tiempo.

Olas de renovación… y decadencia de Israel

Resulta fascinante leer la historia nacional de Israel en 1 y 2 Samuel, 1 y 2 Reyes, 1 y 2 Crónicas y otros libros del Antiguo Testamento. Revelan la regularidad de los ciclos de la vida en un mundo caído. Muchas culturas y naciones —especialmente las que han oído el mensaje del evangelio— pasan por épocas similares de avivamiento y bendición, desobediencia y declive. Su historia está sazonada de líderes y personas que amaban a Dios con todo su corazón, sólo a medias, o gentes que básicamente no tenían corazón. Esto se corresponde con nuestra experiencia de la naturaleza humana, e incluso con algunos conocidos y familiares.

En esta sección enfatizaremos seis olas de renovación o salvación experimentadas a lo largo de la historia nacional de Israel. Tenga en cuenta dos verdades mientras medita en ellas. Una es: *los que no conocen la historia, están condenados a repetirla. La otra: el que anda con sabios, sabio será* (Pr 13:20, RV60).

Si escogemos el último consejo en vez del primero, Dios podrá usarnos en esta generación para ser agentes de salvación para muchas vidas.

David (1 Samuel 16 a 1 Reyes 2)

El segundo rey de Israel, David, el dulce salmista de la nación, que mató al gigante Goliat gracias a su audacia y su fe en Dios, fue instrumental para unir a los judíos en el año 1010 a.C. Este relato histórico proporciona una vívida imagen de Jesús el Mesías, llamado en las Escrituras Hijo de David (Mt 21:9). David fue «un hombre conforme el corazón de Dios» (Hch 13:22), que estableció la celebración de la adoración en el reino y gobernó con justicia y en el temor del Señor. Cometió faltas y pecados (especialmente, adulterio con Betsabé, e hizo que su marido, Urías, fuera muerto en batalla), pero su amor por Dios produjo unidad y renovación de la adoración en el reino (p. ej., 1 Cr 15,16). Su visión y sus preparativos para el templo sacaron a la luz el plan divino de salvación (1 Cr 22). Necesitamos tener el corazón de David.

Salomón (1 Crónicas 28 a 2 Crónicas 10)

El hijo que tuvo David con Betsabé, Salomón, tercer rey de Israel, reinó en torno al 970 a.C. Salomón recibió grandes riquezas y sabiduría de Dios gracias a su temprana humildad y compromiso con el Señor. Fue Salomón quien terminó de edificar el magnífico templo e instauró la Edad de Oro de la nación judía. En la dedicación del templo al servicio de Dios, la gloria *shekinah* cayó sobre los sacerdotes y sobre el pueblo. Dios bendijo de tal manera los primeros años de Salomón que ¡había abundancia de oro en el reino, y la plata era un metal común! Salomón celebró una gran fiesta de Pascua ofreciendo miles de sacrificios al Señor. Desgraciadamente, con el paso del tiempo, permitió que sus muchas esposas apartaran su corazón del servicio a Dios (1 Reyes 11:4). A pesar de todo, hemos de esforzarnos por ser *sabios* como lo fue Salomón en su juventud.

Asa (2 Crónicas 14-16)

Asa fue el quinto rey de Israel —el tercero que reinó en Judá después que el reino se dividiera en dos, norte y sur—. Asa fue leal a Dios la mayor parte de su vida y fue usado por Dios para limpiar la tierra de inmoralidad y adoración a los ídolos después de un tiempo de decadencia. Bajo su reinado hubo un avivamiento nacional: «Luego hicieron un pacto de buscar al SEÑOR, Dios de sus antepasados, con todo el corazón y con toda el alma» (2 Cr 15:20). Dios usó concretamente a Asa para limpiar la inmoralidad e idolatría sexual del pueblo. Hemos de tener un deseo de pureza sexual como el rey Asa. Esta llamada a la santidad o pureza personal se verá en muchos avivamientos futuros del pueblo de Dios en la historia.

Josafat (2 Crónicas 17-20)

El rey Josafat, hijo de Asa, anduvo en pos de la fe de su padre. En torno al 860 a.C. estableció circuitos o puntos de enseñanza por todo el país donde viajaban los sacerdotes para instruir y equipar al pueblo (2 Cr 17:7-9). Estos circuitos de enseñanza aparecerán más tarde durante el Avivamiento Metodista con sus famosos jinetes. De Josafat se dice: «Y se animó su corazón en los caminos del Señor, y quitó los lugares altos y las imágenes de Asera de en medio de Judá» (17:6-7, RV60). Él sintió una gozosa pasión por Dios y aborreció el pecado y sus efectos. Necesitamos entender la importancia de la buena enseñanza (discipulado) como hizo el rey Josafat.

Ezequías (2 Crónicas 29-32)

Unos ciento cincuenta años después del reinado de Josafat, en torno al 715 a.C., la nación de Israel se apartó una vez más del Señor y siguió los caminos paganos. La nueva ola divina de salvación y renovación en el Antiguo Testamento tuvo lugar durante los veinticinco años de reinado de Ezequías. Su padre, Acaz, había sido uno de los líderes más perversos del reino. Ezequías rechazó el mal ejemplo de su padre y siguió el ejemplo de los gobernantes piadosos. Restauró el templo y la fiesta de la Pascua, y según las Escrituras, «En todo lo que hizo para el servicio del templo de Dios y en sus esfuerzos por seguir las leyes y los mandatos de Dios, Ezequías buscó a su Dios de todo corazón; y como resultado, tuvo mucho éxito» (2 Cr 31:21). Necesitamos ser obedientes a Dios, como el rey Ezequías.

Josías (2 Reyes 22-23 y 2 Crónicas 34-35)

Acabaremos nuestro repaso de las olas antiguas de salvación (misiones) ojeando con más detalle a uno de los últimos reyes de Judá, quien fue también uno de los más grandes. ¿No le gustaría que se escribiera este versículo a modo de epitafio en su propia tumba?: «Nunca antes hubo un rey como Josías, que se volviera al SEÑOR con todo su corazón, con toda su alma y con todas sus fuerzas, obedeciendo todas las leyes de Moisés. Desde entonces nunca más hubo un rey como él» (2 Reyes 23:25).

¡Qué vida tan extraordinaria! No hubo ninguno mayor antes que él (ni siquiera David, Salomón, Asa, Josafat y Ezequías) ni ninguno tan grande después de él.

Echemos un vistazo más de cerca a este «rey misionero» del Antiguo Testamento, usado por Dios para iniciar un avivamiento nacional en el reino sureño de Judá. ¿Cómo lo llevó a cabo? ¿Qué principios observó en su vida que podamos aplicar a nuestro esfuerzo actual?

La historia de renovación nacional del reinado de Josías se encuentra en 2 Reyes 23 y 2 Crónicas 34. Josías entra en la narrativa histórica aproximadamente en el 640 a.C. Fue nieto del malvado rey Manasés e hijo de Amón, rey pagano y de vida breve, que murió a los 24 años. Josías subió al trono a los ocho años. Criado en una familia disfuncional durante un tiempo de juicio y decadencia del reino, cabía esperar que su reinado fuera corto y similar a los previos. No obstante, Josías, incluso a tierna edad, mostró tal grandeza de carácter que movió a la nación a restaurar su relación con Dios.

¿Cómo lo hizo el rey-niño? Practicó ocho principios que reaparecerán en los futuros líderes y movimientos misionales. Conozcámoslos bien.

Primero, *se entregó a un estilo de vida justo.* «Este hizo lo recto ante los ojos del Señor, y anduvo en los caminos de David su padre, sin apartarse a la derecha ni a la izquierda» (2 Cr 34:2, RV60). ¡Eso no fue fácil de hacer para un niño de ocho años nacido en el seno de una familia impía! No obstante, él rechazó su ejemplo y siguió el del gran rey David. Una vida misional comienza siempre con un compromiso de actuar con rectitud, no importa el pasado, las circunstancias, las presiones o las tentaciones. Josías tuvo una visión tipo túnel para hacer lo que era recto para la gloria de Dios.

Segundo, *se entregó a la oración.* «A los ocho años de su reinado, siendo aún muchacho, comenzó a buscar al Dios de David su padre» (2 Cr 34:3, RV60). «Buscar a Dios» en lenguaje bíblico significa desarrollar una vida de oración, lo que hizo Josías a la edad de dieciséis. La oración es el combustible de la misión. Lo volveremos a comprobar en muchos periodos de actividad evangelizadora. Según parece, a tan temprana edad, Josías se convirtió en un guerrero de oración y en buscador de Dios, lo cual le proporcionó revelación, entendimiento y estabilidad en su vida. Una sólida vida de oración es uno de los secretos del creyente misionero.

Tercero, *se comprometió a luchar contra el pecado.* «Y a los doce años [de su reinado] comenzó a limpiar Judá y Jerusalén de los lugares altos, imágenes de Asera, esculturas e imágenes fundidas... » (2 Cr 34:3-7, RV60). Una de las ideas principales que aprendió Josías gracias a la oración, a los veinte años, es que Dios aborrece el pecado porque destruye vidas y potencial humano. Él compartió la carga de Dios y se afligió por causa de la idolatría, por lo que decidió emprender una guerra en el país contra el pecado que estaba socavando sus fundamentos. Puesto que era el rey, derribó ídolos, quemó huesos de sacerdotes paganos y emprendió otros muchos actos audaces. No le animo a aplicar los métodos de Josías a menos que sea usted gobernador absoluto de un reino. En nuestro mundo democrático, esos actos le conducirían a un ministerio de prisión. Sin embargo, Josías hizo lo que debía en su tiempo: limpiar el reino de sus pecados. No hay libertad sin abandono del pecado.

Cuarto, *se entregó a edificar el culto a Dios.* «A los dieciocho años de su reinado, después de haber limpiado la tierra y la casa, envió a Safán hijo de Azalía...para que reparasen la casa del Señor su Dios» (2 Cr 34:8-13, RV60). Este joven asombrosamente sabio y maduro ya estaba listo para renovar la alabanza a Dios en la cultura. El templo había sido parcialmente destruido y al parecer no estaba en uso. Josías envío gente para limpiar y reparar la casa de Dios porque sabía que el pueblo debe dirigirse a su Salvador. No basta con aborrecer el pecado. Tenemos que amar la adoración y el servicio a Dios y hacer todo lo que esté en nuestras manos por mejorarlos. En nuestro tiempo, esto significa estar comprometido con la renovación y el crecimiento de la iglesia, que es el templo del Nuevo Testamento (2 Co 6:16). Necesitamos promover la renovación de la iglesia y el culto corporativo. Los seguidores de la misión de Cristo se entregan a edificar la iglesia.

Quinto, *se entregó a reverenciar a Dios y su ley.* «Luego que el rey oyó las palabras de la ley, rasgó sus vestidos... diciendo... grande es la ira del Señor que ha caído sobre nosotros, por cuanto nuestros padres no guardaron la palabra del Señor, para hacer conforme a todo lo que está escrito en este libro» (2 Cr 34:19-21, RV60). Cuando los obreros estaban reparando el templo, se encontraron una copia de la Ley entre los escombros. Cuando la llevaron al rey, éste mostró gran respeto por sus palabras y envió a los líderes a inquirir proféticamente cuál era el plan de Dios para la nación. Lo más asombroso de esta parte de la historia es que esa era la primera vez que Josías oía la lectura de la Ley del Antiguo Testamento. Hasta ese momento había vivido una vida justa, aprendido a orar, odiar el pecado y restaurar el culto —todo ello sin la Biblia—. Cuando la escucha por primera vez, muestra reverencia y pavor. Parte de nuestra misión debe ser mostrar gran respeto por Dios y su Palabra.

Sexto, *se entregó al arrepentimiento, se quebrantó y se humilló delante de Dios.* «Y tu corazón se conmovió, y te humillaste delante de Dios al oír sus palabras sobre este lugar y sobre sus moradores, y te humillaste delante de mí, y rasgaste tus vestidos y lloraste en mi presencia, yo también te he oído, dice el Señor» (2 Cr 34:27, RV60). Para averiguar qué pensaba Dios acerca del futuro de Judá, Josías envió una delegación a la persona más piadosa que había en el reino —una mujer llamada Hulda—. (En los próximos capítulos veremos la importante función de las mujeres, especialmente en la misión global actual). Hulda responde con un mensaje de Dios que revela profundamente el corazón de Josías. A Dios le agrada su actitud humilde y sus lágrimas, de manera que el reino no será juzgado inmediatamente. Antes de esta revelación, uno podría concluir que Josías es un hombre más que tenaz, un tipo de personalidad integra, que sólo disfruta guerreando contra el pecado. Estos versículos revelan lo profundo del corazón de Josías: él es un hombre sensible con un corazón tierno. Los líderes misioneros comparten también esta ternura de espíritu. Les protege del desequilibrio de sólo odiar el pecado.

Pero lo mejor del relato se encuentra en los dos principios que el rey practica al final de su vida.

Siete, *se entregó a la Palabra de Dios y su importancia para la integridad de su reino.* «Entonces el rey envió y reunió a todos los ancianos de Judá y de Jerusalén...y los moradores de Jerusalén...y leyó a oídos de ellos todas las palabras del libro del pacto que había sido hallado en la casa del Señor» (2 Cr 34:29-30, RV60). Josías había oído la Palabra de Dios y sabía que era buena para él. Lo que era bueno para él era bueno también para todos sus súbditos. De manera que reunió a todo el pueblo —en asamblea con toda la ciudad— y leyó *personalmente* las palabras de Dios al pueblo. Ya se habían celebrado otras asambleas, tanto de la ciudad como nacionales, en la historia de Israel. Pero en la mayoría de ellas, los sacerdotes —los líderes espirituales— se habían encargado de la «lectura de la Biblia». Josías entendió que él necesitaba enfatizar la importancia de la Palabra de Dios al pueblo leyéndola él mismo. Rehusó delegar su lectura. Los creyentes misioneros también son amantes de la Palabra de Dios, entienden que sus palabras y sus enseñanzas son cruciales para la historia de las naciones.[2]

Finalmente, *se entregó a un pacto con Dios movilizando concienzudamente su esfera de influencia.* «Y estando el rey en pie en su sitio, hizo delante del Señor pacto de caminar en pos del Señor y de guardar sus mandamientos, sus testimonios y sus estatutos, con todo su corazón y con toda su alma... E hizo que se obligaran a ello todos los que estaban en Jerusalén y en Benjamín» (2 Cr 34:31-32, RV60). Desde los doce años, Josías se entregó a una misión que dio como fruto el avivamiento de una nación. Aquel día especial, después de leer personalmente las palabras de Dios al pueblo, Josías se entregó públicamente a seguir a Dios de todo corazón y pidió a sus súbditos que hicieran lo propio. Esto sería como si el presidente de un país apareciera en la televisión nacional, declarara su deseo de seguir a Dios e invitara a sus súbditos a seguirle. Josías fue un cumplidor de pactos: las resoluciones a medias no le bastaban. Hizo un compromiso público con Dios e invitó a los demás a hacer lo mismo. Aprovechó su competencia como rey para comprometer enteramente su esfera de influencia. Los misioneros hacen un compromiso con Dios para dedicar sus recursos y su influencia a llevar el mensaje de salvación a todos los que puedan.

Lo más sorprendente de esta biografía real de la historia antigua es que después que Josías aplicó estos principios misionales, la Biblia asegura que «No se apartaron de en pos del Señor el Dios de sus padres, todo el tiempo que él vivió» (2 Cr 34:33, RV60).

Es decir, ¡cumplieron su promesa! Esta historia comienza en 2 Crónicas 34:1 con una nación en decadencia ruinosa, con un rey de ocho años que asciende al trono. Acaba treinta y dos versículos y dieciocho años después con una nación que experimenta un gran avivamiento. La salvación se acercó a miles de personas. Dios fue honrado y seguido. Aquella renovación duró trece años.

Josías vivió haciendo honor a su nombre, que significa «asentado en Dios» (Yahvé)».

Gracias a su fe y su obediencia, Dios usó a Josías en su generación, como a otros en la antigüedad, para derramar una ola de salvación al pueblo. Aquellas olas del Antiguo Testamento perdieron fuerza y se calmaron por muchos siglos, debido a que Israel, que había recibido el mandato de ser de bendición para todas las naciones, se detuvo.

Pero otra ola —centrada en la persona de Jesucristo— estaba a punto de comenzar. Volveremos ahora nuestra atención a la admirable *ola* evangelizadora de la Iglesia Primitiva que lanzó la misión cristiana y cambió el curso de la historia.

Capítulo 3

La ola de la Iglesia Primitiva

DESDE SU COMIENZO, la Iglesia Primitiva estuvo de misión. Los primeros discípulos caminaron con Jesús algunos años, escucharon sus enseñanzas, experimentaron sus milagros y le vieron morir en cruel agonía colgado de una cruz. Algunos le negaron; otros se sintieron confusos y huyeron. Pero después de su muerte y resurrección empezaron a entender quién era realmente —Dios encarnado— y aceptaron la misión que les había encomendado.

El propio Jesús estableció el curso misional para sus seguidores dejando atrás el confort del cielo, viniendo a la tierra, dando su vida por los pecados de los hombres y comisionando a sus discípulos para que fueran e hicieran otro tanto (Juan 20:21).

En su aparición a los discípulos después de su resurrección, Jesús les dio cuatro mandatos que resumen la empresa misionera cristiana. El primero, prescrito en Mateo 28:18-29, se suele denominar el *qué* de la evangelización del mundo: «Se me ha dado toda autoridad en el cielo y en la tierra. Por lo tanto, vayan y hagan discípulos de todas las naciones, bautizándolos en el nombre del Padre y del Hijo y del Espíritu Santo. Enseñen a los nuevos discípulos a obedecer todos los mandatos que les he dado. Y tengan por seguro esto: que estoy con ustedes siempre, hasta el fin de los tiempos». Leslie Lyall, de la OMF (Sociedad Internacional Misionera), dice que mediante su muerte y su resurrección, Jesús derrotó al gran usurpador y encargó a su iglesia que se hiciera cargo de sus posesiones y recibiera su herencia.[1]

En segundo lugar, Jesús define el *dónde* de la misión cristiana: «Vayan por todo el mundo y prediquen la Buena Noticia a todos» (Marcos 16:15). Este es el versículo fundacional de JUCUM, dado a Loren Cunningham mientras tenía una visión de olas de jóvenes que llegaban a las playas del mundo en 1959.[2]

El tercer axioma de la llamada es el *cuándo* de la misión al mundo. Cuando Jesús se apareció repentinamente a sus discípulos en Jerusalén después de su encuentro con dos de ellos en el camino a Emaús, les dijo que en la autoridad de su nombre,

> este mensaje se proclamaría... a todas las naciones, comenzando con Jerusalén: «...Hay perdón de pecados para todos los que se arrepientan». «Ustedes son testigos de todas estas cosas.
>
> Ahora enviaré al Espíritu Santo, tal como prometió mi Padre; pero quédense aquí en la ciudad hasta que el Espíritu Santo venga y los llene con poder del cielo». (Lucas 24:47-49)

Los primeros seguidores de Jesús debían esperar el trascendental derramamiento del Espíritu Santo en la capital de los judíos y después llevar el mensaje de amor y perdón de Dios a todas las naciones de la tierra.

Finalmente, en la empresa misionera hay un *cómo,* definido en Hechos 1:8. Jesús les dijo: «Pero recibirán poder cuando el Espíritu Santo descienda sobre ustedes; y serán mis testigos, y le hablarán a la gente acerca de mí en todas partes: en Jerusalén, por toda Judea, en Samaria y hasta los lugares más lejanos de la tierra».

Así pues, la naturaleza comprehensiva de la misión es que Dios ha llamado a su pueblo a hacer discípulos de todas las naciones —demostrando el cambio experimentado en sus vidas por el bautismo, creciendo en la enseñanza—. Él nos ha encargado comunicar el mensaje de su amor y su perdón a toda persona en todo lugar del mundo. Pidió a sus seguidores que esperaran para emprender esa misión hasta recibir poder sobrenatural del Espíritu Santo, tercera persona de la Trinidad. Luego, en el poder del Espíritu Santo, debían ir a todas partes —comenzando donde estaban, trasladarse a las regiones cercanas y finalmente llenar todo el mundo con el mensaje del amor de Dios.

Como hemos visto en nuestra breve reseña de la historia antigua, el plan de salvación comenzó hace mucho tiempo. J. Herbert Kane, en su obra clásica *La misión cristiana desde la perspectiva bíblica dice:*

> «La misión cristiana es parte de la actividad soberana de Dios en la esfera de la redención. Desde el principio hasta el fin la misión cristiana es misión de Dios, no del hombre. Nació en el corazón de Dios. Se basa en el amor de Dios. Se decide por su voluntad. Su mandato fue enunciado por el Hijo de Dios; su fundamento, explicado en la Palabra de Dios. Y su éxito definitivo depende del poder de Dios. En ninguna parte se ve más claramente la soberanía divina que en la misión cristiana».[3]

El avivamiento de Pentecostés

La iglesia primitiva obedeció los mandatos de Jesús y dedicó diez días a orar por la asignación recibida en un aposento alto, en Jerusalén. Se confesaron sus pecados unos a otros —especialmente los once que habían abandonado a Jesús la noche de su arresto, sobre todo Pedro, que traicionó cobardemente a su Señor—. Recordaron los años en los que Jesús había andado con ellos, hablándoles del reino de Dios, atendiendo a sus necesidades más profundas, sanando a los enfermos y resucitando a los muertos. Y después rogaron apasionadamente que les concediera la gracia y la capacidad para hacer lo que les había pedido.

Diez días después de ascender Jesús al cielo, Dios derramó su Espíritu, el día de Pentecostés (Hechos 2:1-4). En ese día que marca el comienzo de la misión cristiana, 120 personas fueron llenas de poder por el Dios viviente. Los discípulos salieron a las calles proclamando la bondad de Dios en varias lenguas que no habían estudiado.

¡Qué decir de la conmoción y el temor reverente! El historiador Kenneth Scott Latourette afirma que la venida del Espíritu Santo revistió una gran importancia porque cambió a los creyentes en testigos entusiastas.[4]

Dennis Bennett, uno de los primeros líderes de la renovación carismática, describe de esta manera el día de fundación de la misión en la iglesia primitiva:

> «Alababan a Dios, oraban, iban al templo; ¡Y además tuvieron una reunión de negocios y una elección! (Hch 1:15-26) ... En la fiesta de Pentecostés, la fiesta de las Primicias, el poder descendió ... Él rebosó en ellos para influenciar al mundo en derredor, les inspiró a alabar y glorificar a Dios, no ya en sus propios idiomas, sino en otros desconocidos, y al hacerlo, domaron sus lenguas para que Él las usara, liberaron sus espíritus, renovaron sus mentes, refrescaron sus cuerpos y obtuvieron poder para testificar».[5]

Bennett sigue describiendo la reacción de los muchos visitantes que se encontraban en Jerusalén para la Fiesta:

> Algunos se burlaron y dijeron: «Sólo están borrachos, eso es todo». Entonces Pedro respondió: «No se equivoquen. Estas personas no están borrachas, como algunos de ustedes suponen. Las nueve de la mañana es demasiado temprano para emborracharse. No, lo que ustedes ven es lo que el profeta Joel predijo hace mucho tiempo: "En los últimos días —dice Dios—, derramaré mi Espíritu sobre toda la gente"» (Hch. 2:13-17). Tan convincentes eran las señales que se manifestaron aquel día que tres mil «hombres devotos» aceptaron que Jesús era el Mesías, se arrepintieron de sus pecados, fueron bautizados y recibieron el don del Espíritu Santo.[6]

La misión cristiana —la del Nuevo Testamento— comenzó en Pentecostés, después de la muerte y resurrección de Jesús. Muchos miles de personas se sumaron a los discípulos en años posteriores a medida que proclamaban el mensaje de Cristo y obedecían los mandatos de su resucitado Rey.

El libro de Hechos también menciona la abnegación y la generosidad de los primeros cristianos cuando cubrían las necesidades de su entorno, demostrando el corazón amoroso de Jesús. Las vidas transformadas de la iglesia victoriosa fueron un imán de atracción en una avanzada romana oscura, triste y árida denominada Palestina. Jesús les había inyectado esperanza eterna, y esa esperanza era altamente inflamable, con una mezcla piadosa de fuego de avivamiento. En los setenta años siguientes la iglesia primitiva reclutaría centenares de miles de seguidores de Jesús el Mesías.

Hubo al menos tres claves para el éxito misional de la Iglesia Primitiva según se afirma en Hechos:

- *Avivamiento* —el día de Pentecostés (Hechos 2:1-40)
- *Oración* —en el aposento alto y el templo, lo que precedió al derramamiento del Espíritu Santo (Hch 1:13; 2:1)
- *Unidad* —como se aprecia en su amor los unos por los otros (Hch 2:44-46)

Estos tres elementos ayudaron a llevar multitudes a Cristo en los tiempos de la Iglesia Primitiva (por ej., Hch 2:41,42,47). Otros dos elementos también jugaron papeles estratégicos: la *providencia,* relacionada con la elección divina de misioneros, la cronología y los actos soberanos de Dios en cada periodo de la historia. El otro es la *tecnología,* o progresos de la civilización que ayudaron a cada avance misionero. Examinaremos en profundidad estos cinco factores en el capítulo 4.

Pero antes introduzcamos la importancia de la providencia divina y la tecnología para la propagación de la ola de la Iglesia Primitiva.

La providencia y la Iglesia Primitiva

Dios mismo escogió el momento histórico y el lugar concreto para que Jesús viniera a la tierra a inaugurar la redención del mundo (Gá 4:4). Jesús compartió las buenas nuevas casi exclusivamente con la raza judía (Mt 15:24), y sus primeros seguidores fueron judíos. Como tal, el primer impulso misionero del Nuevo Testamento estuvo dirigido por judíos por elección soberana de Dios y centrado en Jerusalén. Como los creyentes judíos fueran lentos para llevar el mensaje a Judea y Samaria, Dios permitió que se orquestara una persecución que esparció a los primeros creyentes en esas direcciones (Hch 8). Durante este periodo Pedro recibió la visión de que el evangelio debía predicarse a los que no eran judíos

(Hch 10), y Saulo, después Pablo, fue guiado por Dios para ser apóstol a los gentiles (Gá 2:7).

Luego de estos acontecimientos, Dios dio instrucciones claras acerca de la trayectoria de la misión global. Después de orar e imponer manos, Pablo emprendió los primeros viajes misioneros de la iglesia de los que se tiene noticia. En el segundo viaje de Pablo, el Espíritu Santo le prohibió específicamente que llevara las buenas nuevas al este de Asia Menor. En vez de ello, mediante la llamada a Macedonia (véase Hch 16:6-13), Dios ordenó a Pablo explorar y fundar iglesias en el occidente —lo que establecería el modelo y la dirección principal de la evangelización del mundo en los dos mil años siguientes—. E. Glenn Hinson cree que la principal estrategia para la expansión del cristianismo fue fundar iglesias que pudieran seguir atrayendo y reclutando conversos. Esta red de comunidades, fuertemente comprometidas con la hospitalidad, proporcionó un sistema de transporte para los misioneros.[7]

El imperio romano, extendido desde el norte de África hasta rincones lejanos de Gran Bretaña, y por el este hasta el mar Caspio, había sido preparado para dar el siguiente paso en el plan de la evangelización del mundo. Tanto negros como blancos, serían comisionados como mensajeros de las buenas nuevas en el mundo romano. Los asentamientos judíos ya salpicaban el imperio, y serían las estaciones más eficaces para la futura dispersión de la gracia de Dios y trampolines de lanzamiento a las comunidades gentiles. Hinson sigue explicando:

> «El éxito inmenso que tuvo el cristianismo en penetrar el imperio grecoromano y acomodarse a la cultura helenística en tan breve espacio de tiempo sólo se puede explicar asumiendo la amplia preparación preliminar del judaísmo helenístico. No cabe duda que al comienzo de la era cristiana el judaísmo constituía una ardiente fe misionera que «recorría mar y tierra» para hacer prosélitos. Ya había roturado el vasto campo del imperio como preparación para el evangelio de Cristo».[8]

Los fuegos de avivamiento de la iglesia primitiva barrieron campos ya cultivados, cuyas semillas brotaron más tarde por todo el imperio romano.

Tecnología

Otros factores culturales y de civilización fueron fundamentales para el avance de la misión en los primeros siglos —en su mayor parte originados por la *Pax Romana* que dominaba el mundo conocido—. Las civilizaciones griega y romana se combinaron para formar un vasto sistema de carreteras por todo el imperio que estimuló los viajes, el comercio y el intercambio cultural. Se dio también la «universalidad» y precisión de la lengua griega, que sirvió de vehículo perfecto para la diseminación del evangelio.

El historiador Harold R. Cook cree que la unificación política bajo el imperio romano, la red de carreteras, el uso de rutas marítimas y el uso de la lengua griega favorecieron la propagación de la nueva fe.[9] Michael Pocock ha escrito que las migraciones fueron también cruciales para la expansión del cristianismo en los cinco primeros siglos A.D.[10]

Así pues, una civilización unificada y relativamente abierta, migraciones a gran escala, una excelente red de carreteras y una lengua precisa y de uso universal fueron instrumentos culturales que Dios usó durante la primera expansión de la misión cristiana. Al principio, los judíos dirigieron el avance del evangelio, pero poco después los pueblos gentiles esparcidos por el imperio romano se fueron convirtiendo a Cristo e involucrando en la misión. Rodney Stark, profesor de la universidad de Texas, declara en su obra *Discovering God* que por el año 350 A.D. la población cristiana del imperio ascendía a muchos millones de creyentes.[11]

Nacida en el avivamiento, atizada por la oración, dirigida por la providencia de Dios y usando los desarrollos y tecnologías más avanzados de la época, la primera ola de la misión cristiana se extendió hacia el oeste y el norte hasta las fronteras del imperio romano, lo que llevó aproximadamente a la mitad de su población a la fe de Cristo.[12] J Herbert Kane describe la siguiente fase de la misión cristiana:

> Después de la conversión de Constantino, el cristianismo entró en un periodo de expansión sin precedentes. En el siglo IV, el número de cristianos se multiplicó un 400 por ciento. Entre el año 500 y el 1200 A.D., los misioneros cristianos —muchos de ellos monjes— merodearon por toda Europa enseñando, predicando el evangelio y fundando monasterios

> que llegaron a ser centros no sólo de luz y de aprendizaje, sino de actividad misionera… El cristianismo se extendió luego mucho más allá de las fronteras del imperio romano.[13]

El avance de la fe cristiana, incluso en los tiempos caóticos de la Edad Media, estaba cambiando la faz del mundo civilizado y sentando las bases de futuros desarrollos en Europa y más allá del continente. Los misioneros llegaron también al Lejano Oriente —comenzaron siglos antes con el apóstol Tomás en la India—. El antiguo movimiento misionero nestoriano se extendió hasta lo que hoy se conoce como China ya en el año 635 A.D.[14]

No obstante, hasta el siglo XVIII no se daría un pleno renacimiento de la misión global y no se proyectaría el «evangelio del reino» a todas las naciones de la tierra.

Pero antes de seguir adelante, examinemos los factores misionales cruciales en cada generación para que suba la marea divina de la salvación.

Capítulo 4

¿Qué causa las mareas altas?

Puesto que la naturaleza revela al Creador de formas maravillosas, resulta útil comparar las oleadas de misión con las mareas altas y las subidas del mar. Los fenómenos atmosféricos, como las tormentas, pueden producir mareas que, a su vez, originan olas. Las mareas afectan a la forma de las olas —más empinadas en la marea baja o más «redondas» en la marea alta.

Sabemos muchas cosas acerca de las mareas físicas. Son una reacción gravitacional compleja entre la luna, el sol y la tierra.

- La fuerza gravitacional de la luna es una diezmillonésima de la de la tierra, pero cuando se combina con otras fuerzas, como la fuerza centrífuga originada por la rotación de la tierra, resultan las mareas.
- La fuerza gravitacional del sol sobre la tierra es sólo el 46 por ciento de la de la luna; con lo cual, la luna es el factor más importante para la formación de las mareas.
- La gravedad del sol también produce mareas. Pero dado que su fuerza es menor comparada con la de la luna, sus efectos decrecen considerablemente.

- Las mareas no son causadas por la atracción directa de la gravedad de la luna. Ésta atrae el agua hacia arriba, mientras que la tierra la atrae hacia abajo. La ligera ventaja de la luna produce las mareas.[1]

Imitando a la creación como modelo, Dios es la luna (el factor más importante) en la marea alta de la misión; las situaciones históricas son el sol (un factor de menor relevancia, aunque importante); y las voluntades humanas son la tierra (sobre la que Dios actúa). Cuando Dios nos atrae hacia su propósito salvífico, las circunstancias históricas son favorables y los seres humanos responden creyendo y actuando, entonces la marea de la misión global comienza a subir y se producen olas de evangelización.

He aquí otra manera de verlo.

Yo vivo en una parte del mundo —Puget Sound , estado de Washington (EEUU)— en la que las mareas y las corrientes causan una gran influencia en la climatología, la topografía y el flujo vital. De hecho, Washington cuenta con una de las zonas costeras más extensas de los cuarenta y ocho estados contiguos. Nuestra vida gira en torno al agua y las mareas.

Las corrientes y las mareas marcan diferencias. El estado de Maine, en el extremo noreste de EEUU, está situado aproximadamente en la misma latitud que el estado de Washington, en la esquina noroccidental del país. Un verano visité Maine esperando que su clima fuera similar al del noroeste Pacífico. ¡Pero me llevé una sorpresa!

En el verano, el estado de Maine y la mayor parte de los estados del noreste son cálidos y húmedos, con temperaturas máximas que oscilan entre 32 y 37 grados centígrados y humedades superiores al 70 por ciento. Esto es debido al hecho de que la corriente del océano Atlántico es templada en el verano, lo que hace subir las temperaturas. En el invierno, la corriente del Atlántico es fría, lo que hace descender las temperaturas muy por debajo de cero y acarrea mucho hielo y nieve.

En la costa occidental, Washington goza de un clima templado —es agradable, con baja humedad en verano y temperaturas suaves en invierno—. Esto se debe a que la corriente del océano Pacífico permanece todo el año en torno a los 13 grados, lo que suaviza las temperaturas en invierno y las refresca en verano.

No se puede conocer el clima de un estado por su latitud. Es necesario entender las «corrientes» subyacentes.

Hemos mencionado la naturaleza dinámica de las mareas. Todos los periódicos del oeste de Washington imprimen tablas que anuncian las mareas para que el lector sepa cuando puede ir a pescar, recoger almejas y pasear por la playa, y también, cuándo pueden circular los ferris. Si uno no consulta esas tablas, no entiende lo que sucede a su alrededor.

Lo mismo cabe decir de la historia de la misión. He leído muchos libros sobre misiones y muchas biografías de líderes misioneros. Muchos de ellos han hecho una labor excelente compartiendo la vida y los tiempos de las personas implicadas. Pero frecuentemente descartan las corrientes espirituales y las subidas de marea que influyen grandemente a los esfuerzos misioneros de una época dada. La actividad misionera nunca se da aisladamente. Es una combinación de la mano providencial de Dios que actúa en la historia en conformidad con el tiempo, las circunstancias y la disposición de los que responden a su llamada.

Ya hemos visto los cinco factores que influyen en las mareas altas de la historia de la misión:

- *Avivamiento*
- *Oración*
- *Unidad*
- *Providencia*
- *Tecnología*

En este capítulo analizaremos cada uno de estos elementos de «fondo» en la empresa del reino de Dios, y después, en los capítulos siguientes, los subrayaremos en cada periodo de tiempo. Dios usa métodos asombrosos para influir en la vida de la gente y las naciones y su plan comienza avivando el corazón humano.

¡Avivamiento! — El fuego de la misión

Hemos colocado la palabra *avivamiento* entre signos de exclamación para enfatizar su poder dinámico para transformar vidas. He experimentado avivamiento personal y creo que éste ocupa el centro de la llamada de

Dios a mi vida. He estudiado muchos de los grandes avivamientos en la historia y me he admirado de cómo Dios puede prender el corazón de las personas dispuestas a aceptar su carga, su visión y su pasión. Él las usa amorosamente para cambiar naciones enteras. He visto fuegos de avivamiento en varias partes del mundo, tanto en calidad de observador como desempeñando el rol de renovador.[2]

La realidad que llamamos avivamiento, *despertamiento espiritual o renovación* se puede definir de varias maneras. (Usaré estos términos como sinónimos, aunque se pueden establecer distinciones.) He aquí algunas definiciones tomadas de algunas autoridades en la materia.

- «Avivamiento es la renovación del amor que tuvo la iglesia por Jesús». (Vance Havner)
- «Avivamiento es una comunidad saturada de Dios». (Duncan Campbell)
- «Avivamiento significa días de cielo sobre la tierra». (D. Martin Lloyd-Jones)
- «Avivamiento es la purificación que Dios hace en su iglesia». (Erwin Lutzer)
- «Avivamiento es, en última instancia, el propio Cristo visto, sentido, oído, vivo, activo, moviéndose en y a través de su Cuerpo en la tierra». (Stephen Olford)
- «Avivamiento es esa extraña y soberana obra de Dios que visita a su pueblo, lo restaura, lo anima y lo libera para recibir la plenitud de sus bendiciones». (Robert Coleman)
- Avivamiento es el otorgamiento repentino de un espíritu de adoración sobre el pueblo de Dios». (A. W. Tozer)
- «Un verdadero avivamiento no es otra cosa que una revolución, echar fuera el espíritu de mundanalidad y egoísmo, y hacer que Dios y su amor triunfe en el corazón y la vida». (Andrew Murray)
- «Avivamiento es una revelación de la asombrosa santidad y el irresistible poder de Dios al hombre. Es el método divino para contrarrestar el declive espiritual y crear ímpetu espiritual para que su propósito redentor se lleve a cabo en la tierra». (Arthur Wallis)[3]

- «Avivamiento no es otra cosa que un nuevo comienzo de obediencia a Dios». (Charles Finney)[4]

Defino personalmente un avivamiento histórico como un despertamiento del pueblo de Dios que lanza un impulso de evangelización hacia los perdidos y ocasiona cambios morales en la sociedad.

La palabra *avivamiento* significa «volver a vivir». Puesto que Jesús es el camino, la verdad y la vida (Juan 14:6), avivamiento es la vida de Jesús que vuelve a fluir con poder en sus seguidores. En unión con otros creyentes, este fuego de avivamiento se puede extender a comunidades, ciudades y naciones enteras.

Las principales empresas misioneras son resultado del estallido del avivamiento en el corazón del pueblo de Dios. Él revela su presencia, su pueblo responde en arrepentimiento y fe, y surge una marea de actividad por Cristo y su reino.

Al comentar varias olas de la misión cristiana en los próximos capítulos, recordemos que los corazones y mentes avivados fueron probablemente la fuente original de la ola de salvación.

Avivamiento es la vida de Jesús proyectada a las misiones.

La oración — combustible del avivamiento

Si el avivamiento es el fuego de la misión, la oración es, indudablemente su combustible.

La oración ha sido siempre la fuerza motriz de la misión cristiana. Jesús mismo estableció el patrón al comenzar su ministerio con cuarenta días de ayuno y oración. Después de volver con el poder del Espíritu Santo la gente acudía en tropel a escuchar su mensaje (Mt 4:1-25). Más adelante, Jesús escogió doce apóstoles después de una noche de oración, y les envió a predicar las buenas nuevas (Lc 6:12-16; 9:1-6). Mateo 9:37-39 (NVI) declara que Jesús llevó a cabo actividad misionera en varias ciudades, lo que le causó dolor de corazón y le hizo exclamar: «¡La cosecha es abundante, pero son pocos los obreros!» Entonces anunció la clave para el éxito de futuras misiones: «Pídanle, por tanto, al Señor de la cosecha que envíe obreros a su campo».

Dios nos invita a «colaborar con su providencia» a bordo del vehículo de la oración. La vida de las personas se transforma con la oración. Partiendo tanto de la Escritura como de la experiencia, se puede afirmar que la oración mueve el corazón y la mano de Dios para actuar en la vida de alguien (2 Reyes 20:1-11; Santiago 5:13-18). La oración sustenta la obra redentora del Espíritu Santo. Si nuestro corazón se duele de las naciones y los individuos perdidos, como hizo Jesús, caeremos de rodillas y oraremos al Señor de la cosecha. Él responderá multiplicando los obreros (las misiones) en todo el mundo.

Como hemos visto, la iglesia primitiva nutrió su iniciativa misionera con la oración, comenzando con una reunión de oración y tiempo de confesión de diez días en el Aposento Alto que hizo descender el fuego del Espíritu Santo en el día de Pentecostés. Pedro predicó y miles de personas fueron salvas (Hch 2:1-41).[5] Los discípulos perseveraron en oración y fueron añadidos diariamente nuevos creyentes a la iglesia (Hch 2:47). Lucas recoge una oración comunitaria de los primeros creyentes en Hechos 4:23-30: «Cuando hubieron orado, el lugar en que estaban congregados tembló; y todos fueron llenos del Espíritu Santo, y hablaban con denuedo la palabra de Dios» (Hch 4:31, RV60). He ahí la ecuación de éxito: *Las personas oran, el Espíritu Santo viene, y tiene lugar una misión poderosa.* El Centro Estadounidense de Misión al Mundo estima que las misiones sostenidas con oración elevaron la relación entre los paganos y los creyentes a la proporción de 360:1 en el mundo del año 100 A.D.[6] En la Edad Media, el poder de la iglesia influyó intensamente en las provincias del desaparecido imperio romano, y después se multiplicó en toda Europa a través de numerosas órdenes monásticas en las que la existencia dedicada a la oración y la lectura de la Biblia ocuparon el centro de la vida medieval.[7] Desde Antonio en Egipto (250-350 A.D.) hasta Patricio en Irlanda, los nestorianos en China y más tarde los franciscanos, los dominicos y los jesuitas (a partir del siglo XII), hombres y mujeres piadosos comenzaron a orar fervientemente contra los males de su tiempo mientras compartían con ahínco su fe. Transportaban variadas cargas y se adhirieron a distintos credos, pero su común denominador fue una vida dedicada a la oración. Dios honró sus esfuerzos, y gran parte de Europa fue, en consecuencia, cristianizada —elevando la proporción general entre los paganos y los cristianos profesantes a 69:1 por el año 1500 A.D., en vísperas de la Reforma.[8]

En el capítulo 5 veremos que después de la renovación de la iglesia promovida por Martin Lutero, Juan Calvino y otros, las misiones protestantes surgieron gracias a un joven noble llamado Nikolaus von Zinzendorf, quien estableció una comunidad de refugio para creyentes perseguidos en Moravia (actualmente República Checa). Después de años de crecimiento turbulento, Dios visitó a los trescientos miembros de la comunidad morava con lluvias de avivamiento que dieron a luz una iniciativa de oración de veinticuatro horas, en el pueblo de Herrnhut. Esta ferviente reunión de oración se extendió por más de cien años y lanzó a los primeros misioneros moravos a Escandinavia, otras partes de Europa, las Indias Occidentales, y por todo el mundo.[9] A través de un misionero moravo llamado Peter Buehler, John Wesley halló la salvación en Cristo e inició el Avivamiento Metodista en Inglaterra —todo ello sustentado por la oración.[10]

Muchos movimientos de oración serán evidentes cuando examinemos cada ola de avance misionero. Si el avivamiento es la chispa que enciende la propagación de las buenas nuevas en el corazón de los hombres, ¡la oración es el viento que atiza las llamas y origina un incendio forestal espiritual!

La oración es vital para la misión. La cuarta ola de la misión moderna adquirirá el mayor impulso conocido cuando la oración global unida constituya su aspecto esencial.

Ahora nos ocuparemos del poder de la unidad como tercer factor del éxito misionero.

Unidad — el fruto de la humildad y la oración

Cuando nuestro corazón se avive mediante un encuentro con Jesús, podremos orar con humildad que se cumpla la voluntad de Dios. La oración humilde une nuestro corazón con Dios y el de unos con los otros.

Una de las características notables del Dios Trino es el poder que emana de la Unidad de Dios. El amor a la unidad es algo de otro mundo, especialmente cuando se compara con el pecado y la división humanos.

Las personas que colaboran humildemente como si fueran una consiguen mucho más que los que actúan solos.

La Biblia enseña: «Más valen dos que uno, porque obtienen más fruto de su esfuerzo... Uno solo puede ser vencido, pero dos pueden resistir. ¡La cuerda de tres hilos no se rompe fácilmente!» (Ec 4:9-12).

Hay un gran poder en la unidad, y este poder no es sólo suma de números. Es una multiplicación exponencial del efecto que se consigue cuando se colabora para hacer la obra. Dios promete que cuando el pueblo está unido «...perseguiréis a vuestros enemigos, y caerán a espada delante de vosotros. Cinco de vosotros perseguirán a ciento, y ciento de vosotros perseguirán a diez mil, y vuestros enemigos caerán a filo de espada delante de vosotros» (Lv 26:7-8, RV60).

La unidad no sólo añade fuerza, la multiplica grandemente. Un liderazgo o nación unidos despliegan autoridad y fuerza contra las que es muy difícil oponerse. Y esto no es sólo un fenómeno humano. El salmo 133 recuerda que donde los hermanos habitan en armonía, «allí envía el Señor bendición y vida eterna» (v. 3, RV60).

La principal senda hacia la unidad es la humildad —confesar nuestros pecados, someternos unos a otros y considerar a los demás como más importantes que nosotros mismos (Fil 2:1-11)—. Cuando los seres humanos se humillan, aceptan las ideas de los demás y trabajan denodada y amorosamente por el bien común, suceden cosas admirables.

Robert Greenleaf fue más de treinta años ejecutivo de AT&T, una de las mayores corporaciones del mundo. Él analizó la fortaleza de la compañía, y la de otras organizaciones que también dirigió, y llegó a la conclusión de que el mejor tipo de liderazgo era el liderazgo en equipo, ya que la unidad en la toma de decisiones y la diversidad de dones era crucial para el éxito. Notó que un alto nivel de unidad no sólo aumenta la productividad, sino que protege grandemente a la corporación y a todos sus empleados.[11]

Si es este principio de unidad es importante en la empresa, es aún más importante en la iglesia.

La oración más larga de Cristo, recogida en el Nuevo Testamento, se encuentra en Juan 17. Jesús intercedió, en parte: «No ruego sólo por éstos. Ruego también por los que han de creer en mí por el mensaje de ellos, para que todos sean uno. Padre, así como tú estás en mí y yo en ti, permite que ellos también estén en nosotros, para que el mundo crea que tú me has enviado» (Juan 17:20-21).

El conducto más grande de autenticidad disponible para el cuerpo de Cristo es la demostración de unidad fraternal y de pensamiento unido. Esto es algo que Satanás no puede falsificar. En un mundo donde abunda el egoísmo y las relaciones rotas, la unidad es atractiva, una novedad, un ejemplo a seguir. Jesús dijo que si sus discípulos eran uno, como el Padre y Él son uno, entonces todo el mundo sería transformado por el evangelio. Según la oración de Jesús, una iglesia completamente unida es crucial para completar la evangelización del mundo. Nuestra falta de unidad es nuestra mayor vergüenza y un reconocimiento expreso de nuestro fracaso en seguir las enseñanzas de Cristo.

Dios usa el avivamiento para humillar y purificar los corazones humanos. Si los creyentes oran para que se cumpla este propósito en su vida, comunidad y nación, la dinámica de la unidad se desatará para atraer multitudes a Cristo. Consideraremos que en toda ola misional la unidad de los creyentes fue un catalizador clave para el éxito. La unidad afectuosa multiplica el fruto.

Fue un privilegio para mí colaborar con el reverendo John Giménez de la iglesia Rock en Virginia Beach, en las marchas por Jesús de 1980 y 1988 celebradas en Washington. Dios usó al «hermano John» para lograr el más grande encuentro unificado de la iglesia en EEUU por aquella época —llegó a congregar centenares de miles de personas.

John es el héroe menos convencional. Fue un inmigrante portorriqueño criado en la Harlem Hispana de Nueva York. A una edad temprana cayó en la trampa de las drogas y entró y salió repetidas veces de la cárcel. Entonces Jesucristo rescató su vida, y con Anne, su esposa evangelista, John fundó una iglesia floreciente en la costa este. A este hombre, con gran anhelo en su corazón por la unidad del cuerpo de Cristo, Dios le concedió la visión de congregar a la iglesia estadounidense en arrepentimiento y oración. Gracias a su compromiso con la unidad, él fue uno de los héroes de la iglesia nacional en el último periodo del siglo XX.

Si las palabras de Jesús en Juan 17 significan algo, entonces las personas que se esfuerzan por promover la unidad de la iglesia en una ciudad, estado o nación, prestarán la mayor contribución a la evangelización del mundo. La unidad de los creyentes es vital para el avance de la misión.

Veremos muchos ejemplos maravillosos de unidad en las distintas olas de misión.

La providencia de Dios

Otra premisa para analizar las olas de la misión cristiana en los últimos dos mil años es que Dios es director soberano de la historia. Desde el principio Él ha tenido un plan para redimir el mundo —que la Biblia señala en casi cada página, desde el principio de la creación, en Génesis 1, hasta los nuevos cielos y nueva tierra descritos en Apocalipsis 21.

La sabia soberanía de Dios comienza con su elección de misioneros en cada época. Veremos que Él comisionó primero a los judíos, luego a los gentiles, por todo el imperio romano, después a los monjes, y en siglos posteriores a los protestantes europeos y americanos. Estoy convencido de que el filo cortante de las misiones del siglo XXI se nutrirá de africanos, latinos, isleños y asiáticos. También veremos su providencia en el rol que ha de desempeñar la mujer, el niño y la juventud en la misión. Dios tiene un plan para los individuos, las razas y las culturas en la causa de la evangelización del mundo.

Los teólogos no concuerdan en cómo la soberanía de Dios interactúa con el libre albedrío del hombre, pero no niegan que Dios sea soberano y que su providencia sea la fuerza primordial en el desarrollo de la historia e incluso de las naciones. El pastor estadounidense A. W. Foljambe presentó esta idea en un mensaje a su congregación el 5 de enero de 1876, cuando dijo: «Cuanto más concienzudamente conozca una nación su historia, tanto más categóricamente reconocerá y asumirá una Providencia soberana en ella, y tanto más piadosa será; mientras que cuanto más superficialmente conozca su historia, y sólo vea causas secundarias y agencias humanas, tanto más irreverente será».[12]

En los años «50» del siglo XIX, Arnold Guyot, primer instructor de geología en la universidad de Princeton, creía que Dios tenía planes para continentes enteros, no sólo naciones. Enseñaba a los estudiantes de

Princeton que Asia era el continente de los orígenes (la familia humana, sus razas, civilizaciones y religiones), Europa el continente del desarrollo (artes y educación), y América el continente de la propagación (misión cristiana al mundo).

Guyot declaró:

> «En el gran drama de la vida y desarrollo del hombre, Asia, Europa y América juegan papeles distintos, para los que cada uno de los continentes parece haber sido admirablemente preparado. Ciertamente, ninguna fuerza ciega otorgó a la Tierra las formas tan bien adaptadas para cumplir estas funciones. La conclusión es incontrastable —la totalidad del globo es un gran organismo, cuyas características son consecuencia de un plan definido del Creador omnisciente para la educación de la familia humana y la manifestación de su gloria».[13]

Otro aspecto interesante del gran plan de Dios para la misión al mundo en los últimos dos mil años fue la elección de impulsar la misión cristiana *hacia occidente.*

Si se fija específicamente en cómo dirigió Dios los viajes misioneros de Pablo, notará el plan que Él diseñó para que el evangelio se extendiera desde Israel hacia Occidente. Los viajes de Pablo ocupan un lugar destacado en Hechos, ya que representan la visión misionera de Dios.

El primer viaje misionero de Pablo fue exploratorio. En su segundo viaje (Hch 16:6-9), Pablo y su equipo se quedaron en Galacia, porque el Espíritu Santo les prohibió ir a la provincia romana de Asia (ambas provincias forman hoy parte de Turquía). Una vez en Misia, intentaron ir hacia el norte, a Bitinia, pero una vez más fueron detenidos por el Espíritu Santo. En vez de ello, fueron guiados hasta el punto más occidental del continente asiático: Troas.

Allí fue donde Pablo recibió la visión de un varón macedonio (Hch 16:9-10) que le imploraba que cruzara el mar para ir a Macedonia (en tiempos actuales, Grecia). El Espíritu Santo iba revelando a Pablo y su equipo que el sabio plan de Dios para evangelizar el mundo debía desplazarse en dirección occidental. Al parecer, Dios había preparado la región geográfica que llamamos Europa para la siguiente gran expansión de la civilización cristiana.

En su tercer viaje misionero, Pablo pareció entender la intención de Dios de extender el evangelio hacia el oeste. En su cuarto viaje misionero, siendo prisionero, su misión llevó el mensaje de Cristo hacia occidente, Italia (Roma). Los ojos de Pablo miraban más allá, hacia España (Ro 15:24). La península Ibérica es el punto más occidental del continente europeo.

Después del declive y la caída del imperio romano (entre el siglo II y el V), la misión y la civilización cristianas arraigaron en suelo europeo como si hubiera sido preparado para cumplir esta tarea. Luego, después del Renacimiento y la Reforma, Dios «descorrió una cortina» sobre el Nuevo Mundo, extendiendo la civilización occidental y la misión cristiana a lo que serían las Américas. Los misioneros católicos trabajaron en América del Sur y Central, y los misioneros protestantes, *peregrinos* y puritanos evangelizaron el norte.

Los Estados Unidos de América se fundaron en 1776, mayormente por causa del Primer Gran Avivamiento, y la revolución espiritual y política la establecería como nación líder en la misión cristiana en el último periodo del siglo XIX hasta nuestros días.[14]

El siguiente paso en el desplazamiento hacia occidente de la misión cristiana serían las islas del Pacífico, en el siglo XIX, y después hacia el sur de África y de Asia, en el XX. La sección final del globo que aún espera un empuje de considerables proporciones de la actividad misionera es la sección hinduista-budista-musulmana de Asia del sur, central y occidental y el norte de África. Cuando la misión cristiana explote en esta región altamente poblada, denominada «ventana 10/40», las buenas nuevas habrán dado la vuelta al globo y retornado a Jerusalén (más acerca del movimiento de retorno a Jerusalén en los capítulos 7 y 8).

Tecnología

Finalmente, notaremos que el avance de la misión cristiana es grandemente ayudado o inducido por el desarrollo de la civilización y la tecnología a través de la historia. En el tiempo de la iglesia primitiva, la civilización romana construyó puentes políticos y de piedra para la diseminación del evangelio. No obstante, antes del advenimiento de las naves oceánicas, las técnicas avanzadas de navegación y la imprenta, las misiones se hallaban bastante limitadas.

El surgimiento de la ciencia moderna en Europa —basada en la cosmovisión cristiana— y la invención de la brújula en Portugal (siglo XII) y la imprenta en Alemania (1450) abrieron todo un nuevo horizonte de descubrimientos, desarrollo humano y evangelización.[15] La siguiente fase fue la revolución industrial, que ayudó a crear la clase media moderna y los mercados de capital, que a su vez crearon oportunidades de prosperidad y evangelización en todo el mundo. Más recientemente, la invención del aeroplano, el teléfono, la radio, la televisión, las vacunas, y el internet han abierto vastos horizontes para comunicar las buenas nuevas de Jesús a toda persona sobre la tierra.

Todos estos avances no se alcanzaron al azar. Hay una mente y una mano divinas detrás del progreso de la historia. Dios ha usado los desarrollos de la civilización y la invención tecnológica de manera positiva para llevar a cabo el propósito de su reino en la tierra. Comentaremos el factor de la tecnología en cada una de las olas modernas de misión.

Pero ahora volvamos al siglo XVIII, tiempo en el que un mundo post-reformado creó un campo de batalla en Europa y la causa de la evangelización del mundo se pospuso a fuego lento.

Pero Dios ha preparado un conde y un zapatero para un tiempo como éste. Estos dos nos conducirán a la era moderna de la misión.

Parte 2

La Era Moderna de la misión

«Para conocer la voluntad de Dios es menester tener delante una Biblia y un mapa abiertos».

—William Carey

«Si la comisión encomendada por un rey terrenal es considerada un honor, ¿cómo se puede considerar un sacrificio la comisión encomendada por un Rey Celestial?».

—Ralph Winter

«La Biblia no es la base de la misión; la misión es la base de la Biblia».

—David Livingstone

Capítulo 5

La primera ola de la misión moderna: A las costas (1730-1850)

La reforma del siglo XVI —dirigida por Martin Lutero, Ulrico Zwinglio y Juan Calvino— acarreó un gran resurgimiento de la fe personal y de la enseñanza bíblica en la Europa católica. Pero, para sus líderes, la teología era prioritaria y la misión secundaria. De hecho, Martin Lutero estaba seguro del inminente retorno de Cristo y proclamó que la Gran Comisión sólo obligaba a los apóstoles del Nuevo Testamento.[1] Bueno, todos cometemos errores.

No obstante, en respuesta a la Reforma protestante, surgió en este periodo una renovación de la misión católica, bajo el liderazgo de Ignacio de Loyola, Sociedad de Jesús (jesuitas) y Francisco Javier, pionero jesuita que llevó el evangelio a Japón entre 1542 y 1552, y murió cuando viajaba hacia China. En los siglos XV y XVI otros monjes católicos se añadieron a las filas de los exploradores españoles y portugueses para llevar su fe al Nuevo Mundo.[2] El movimiento moderno de la misión protestante no nacería hasta el siglo XVIII por intermediación de un noble alemán —el conde Nicolás von Zinzendorf— y su modesto grupo de refugiados religiosos.

Zinzendorf y los moravos

El conde Nicolás von Zinzendorf nació en 1700 en el seno de una acaudalada familia nobiliaria. Según Ruth Tucker, autora de la popular historia de la misión *Desde Jerusalén hasta Irian Jaya:*

> «El conde Zinzendorf fue uno de los líderes más influyentes del movimiento moderno de la misión protestante. Dirigió el evangelismo ecuménico, fundado en la iglesia morava y compuso muchos himnos, pero sobre todo lanzó un movimiento misionero de alcance mundial que sentó las bases para que William Carey y el «Gran Siglo» de las misiones siguieran sus pisadas».[3]

En 1717 Zinzendorf, junto con cuatro amigos adolescentes, fundó la Orden del Grano de Mostaza, un club comprometido con el avance de las buenas nuevas. En 1719, el jovencísimo Zinzendorf visitó una galería de arte en Dinamarca, donde contempló un cuadro titulado el *Ecce Homo,* de Domenico Feti, que mostraba a Cristo con una corona de espinas y la inscripción: «Esto lo hice por ti. ¿Qué estás haciendo tú por mí?». Esta visión del sacrificio de Cristo y de nuestra responsabilidad de contárselo a otros trastocó la vida de Zinzendorf hasta el punto de convertirse en «la semilla de mostaza» de la misión moderna.

La llamada de Zinzendorf a la misión se cristalizó en 1722, cuando los refugiados protestantes que huían de la persecución de las guerras de religión europeas encontraron refugio en su estado de Berthelsdorf, Lusatia Superior (actual Sajonia), después llamada Herrnhut (que significa «bajo la vigilancia o protección del Señor»). El 13 de agosto de 1727 estalló el avivamiento en el culto de una iglesia luterana, lo que provocó un profundo impacto en la comunidad. Dos años después se inició una vigilia de oración de veinticuatro horas (al principio con veinticuatro personas y luego con setenta y dos) que duró más de 100 años. Los primeros misioneros moravos llegaron al Caribe en 1738, algunos de ellos por el único medio posible: vendiéndose como esclavos. Mientras sus familias, con lágrimas en los ojos, se despedían de los jóvenes misioneros que subían a bordo de barcos que zarpaban para el Nuevo Mundo, los valientes moravos les amonestaban diciéndoles que Jesús era digno de recibir la recompensa merecida de sus sufrimientos.[4] La mayoría nunca regresó.

En décadas posteriores los misioneros moravos compartieron el mensaje del evangelio por Escandinavia, el Nuevo Mundo, y aún más lejos. Zinzendorf dedicó treinta y tres años de su vida a supervisar una amplia red de misioneros moravos que llegarían a ser varios centenares.[5] Los moravos son uno de los pocos grupos desde los tiempos de la Iglesia Primitiva que demostraron una absoluta entrega a la misión y la evangelización del mundo para Cristo.

William Carey

Por importante que fuera el ejemplo de los moravos en la renovación del impulso de evangelizar el mundo, hizo falta la labor heroica de un zapatero inglés para lanzar plenamente la era moderna de la misión. Ruth Tucker concuerda con el consenso histórico de que «el principio del movimiento misionero protestante se suele fechar convenientemente en 1800. William Carey fue el gran patriarca; y el escenario, el subcontinente indio, donde nacieran las religiones más antiguas y complejas del mundo».[6]

Recurriré al excelente retrato que hizo Tucker de William Carey para trazar unas pinceladas de este pionero de la misión.

Por trescientos años los exploradores cristianos habían navegado hasta los confines de la tierra. Ya en 1600, la reina Elizabeth I concedió una carta de derechos a la Compañía de las Indias Orientales que estamparía el sello británico (y cristiano) durante siglos.[7]

William Carey nació en 1761 cerca de Northampton, Inglaterra. De muy joven fue aprendiz de zapatero y en 1781 se casó con Dorothy, cuñada de su patrón. Carey sintió una carga extraordinaria por los paganos. Mientras compartía un día esa carga con un grupo de ministros, uno de ellos exclamó: «Joven, siéntese. Cuando a Dios le plazca convertir a los paganos, Él lo hará sin su ayuda ni la mía».[8]

Carey no aceptó esta valoración teológica, y en 1792 publicó *Una investigación sobre la obligación de los cristianos de emplear recursos para la conversión de los paganos* (título abreviado). En su tratado de ochenta y siete páginas, aplaudió a los moravos por su celo misionero.[9] Después de rastrear la historia de la misión cristiana, Carey dedicó veintiuna páginas de su libro a mencionar los países del mundo y sus poblaciones, y se lamentó de que de una población global de 731 millones de personas que había por aquella época, «420 millones habitaran en las tinieblas del paganismo».[10] Llamó a los cristianos de su tiempo a emplear todos los recursos disponibles para evangelizarlas y concluyó su llamamiento con estas estimulantes palabras: «Qué cielo tan hermoso será el ver a millones de pobres paganos que han recibido el conocimiento de Dios. Ciertamente, merece la pena aspirar a una corona de gozo como ésta. Ciertamente, merece la pena entregarnos con todas nuestras fuerzas a promover la causa y el Reino de Cristo».[11]

Poco después fundó la Sociedad Misionera Bautista, basada en Isaías 54:2-3, y pronunció las palabras que más se le atribuyen: «Espera grandes cosas de Dios; intenta grandes cosas para Él». Carey zarpó rumbo a la India con su joven familia en un barco danés el 13 de junio de 1793 y llegó a Calcuta el 19 de noviembre. El tedioso viaje de cinco meses de navegación hasta unas costas no evangelizadas preparó el escenario para lo que Kenneth Scott Latourette denominaría «El Gran Siglo» de la actividad misionera.[12]

La joven familia Carey se trasladó luego a Malda, 325 kilómetros al norte de Calcuta. Estos fueron años muy difíciles de combate contra enfermedades extrañas, aprendizaje de lenguas y dialectos locales e intentos para comprender las complejidades de la prolífica cultura india. La esposa de Carey, Dorothy, experimentó ataques de depresión e inestabilidad mental que la empujaron a seguir a su marido por concurridos mercados gritando que él le era infiel.[13] A pesar de ésta y de muchas otras dificultades, se fundó la Primera Iglesia Bautista en la India, en 1795, con cuatro miembros —¡todos ellos ingleses!—. Después de siete años de labor en medio del pueblo de Bengala, Carey no pudo ni siquiera reivindicar un solo converso indio.

En 1800 la familia Carey se estableció cerca de Calcuta, en Serampore. Dorothy falleció allí a los 51 años, en 1807. William Carey invirtió los treinta y cuatro años restantes de su vida a la misión pionera, la cual comenzó a rendir fruto. De ellos, trece años estuvo casado con lady Charlotte Rumohr, mientras que Joshua Marshman y William Ward colaboraron con él veinticinco años para formar uno de los equipos misioneros más famosos de la historia.

Uno de los grandes regalos de Carey al pueblo de la India fue la traducción de la Biblia a muchas de sus lenguas y dialectos. Para 1824 había supervisado seis traducciones completas de la Biblia y veinticuatro traducciones parciales. Al final de su vida, había hecho 46 traducciones —aunque perdió muchos de sus preciosos manuscritos en el incendio de un almacén en 1812.

Carey desplegó una intensa labor sanitaria en el noreste de la India y también fundó la universidad de Sarampore en 1819. Tucker resume la gran obra misionera de Carey con estas palabras:

> «En 1818, después de veinticinco años de misión bautista en la India, había unos seiscientos conversos y bautizados y algunos miles que asistían a las clases y servicios religiosos. Carey murió en 1834 y dejó un legado a otros misioneros que seguirían sus pasos. Además de la evangelización, la educación y la traducción, prestó atención a cuestiones sociales —particularmente a su larga batalla contra la quema de viudas y el infanticidio… Carey se adelantó a su tiempo en metodología misionera. Respetaba la cultura india y nunca intentó importar sustitutos occidentales. Su meta fue edificar una iglesia autóctona «recurriendo a predicadores nativos» y proveyendo las Escrituras en la lengua nativa. A tal objeto él dedicó su vida».[14]

Bruce Shelley comenta el impacto que causó Carey en la misión mundial: «William Carey presentó a los cristianos la misión a gran escala. Él pensó en términos de evangelizar a países enteros… Sobre todo, vio que el cristianismo debe estar firmemente arraigado en la cultura y las tradiciones del país en el que se ha implantado. Por todas estas razones y muchas más, Carey se ganó el título de "Padre de la misión moderna"».[15]

Aunque a William Carey se le atribuye justamente el lanzamiento de la ola moderna de misiones al mundo, y de la misión bautista en particular, no fue el primer misionero bautista que surcó los mares. Esta distinción recae sobre el esclavo liberado George Lisle, que fue el primer ministro negro ordenado de América y primer misionero bautista estadounidense. En 1782, diez años antes que Carey viajara a la India, Lisle, su esposa, Hannah y sus cuatro hijos desembarcaron en Kingston, Jamaica. Emprendió una predicación itinerante en 1784, fundó la primera iglesia de Jamaica y vio centenares de conversiones a Cristo antes de su muerte acaecida en 1826.[16]

Muchos otros misioneros también se hicieron a la mar hacia puertos de África, Asia, el Nuevo Mundo y el Pacífico. Entre ellos Adoniram Judson, misionero protestante con base en EEUU, que desembarcó en Birmania (actualmente Myanmar) en 1812, y Robert Morrison, misionero en China, y el primero que tradujo las Escrituras al chino. Las buenas nuevas de Cristo salieron por fin de Europa y de las colonias europeas para originar una nueva ola de misioneros protestantes entregados a alcanzar las ciudades costeras comerciales y densamente pobladas del mundo.[17]

Las claves misioneras de la primera ola de la misión moderna fueron similares a las de la Iglesia Primitiva.

¡Avivamiento!

Herrnhut, Wesley, Whitefield, y el primer gran avivamiento.

La comunidad morava había sido transformada por un avivamiento espiritual en el verano de 1727, siendo la capacidad de este avivamiento para conducir al arrepentimiento, el amor, el perdón y la vida santa la fuente de su empeño misionero. En 1729, un John Wesley aún no regenerado, tuvo un encuentro con la fe avivada de los moravos en un barco que se dirigía rumbo a la colonia estadounidense de Georgia. A su regreso a Inglaterra, buscó a Peter Boehler, pastor moravo que le animó a «predicar la fe hasta tener fe». Poco después, el corazón de John Wesley «ardió extrañamente», y el avivamiento metodista, parte del primer gran avivamiento, empezó a causar impacto en toda Inglaterra.[18]

John Wesley visitó la comunidad morava de Herrnhut en 1738 y exclamó que era como «el cielo en la tierra». Cuando le sobrevino la muerte en 1791, había cien mil metodistas en Gran Bretaña y el Nuevo Mundo, y muchos de ellos se incorporaban al creciente movimiento misionero.[19]

Otra fuerza motriz importante que actuó en el surgimiento de la misión cristiana en la primera parte del siglo XVIII fue una versión estadounidense del primer gran avivamiento. Muchos historiadores asocian su nacimiento al ministro y teólogo congregacional Jonathan Edwards. Su serie de sermones sobre la fe salvadora, en el otoño de 1734, condujo a un avivamiento en Northampton, Massachusetts, que aportó mil doscientas conversiones.[20] El avivamiento se extendió por las colonias estadounidenses durante diez años, estimándose que cincuenta mil colonos —uno de cada cinco— tomaron decisiones por Cristo. Durante ese periodo se echaron los cimientos espirituales de la Revolución Norteamericana.[21] Al mismo tiempo, George Whitefield, miembro original del Club de Santidad de John Wesley en Oxford, predicó por toda Inglaterra y las colonias, dirigiéndose a veces a multitudes de hasta treinta mil oyentes en Boston Common. George Whitefield fue el predicador más reconocido en las colonias de América. El avivamiento que él lideró sentó las bases de la misión cristiana durante las décadas subsiguientes.

Oración

La vigilia del Señor y bajo un montón de heno

La vigilia de oración en Herrnhut fue el vivero de la misión morava. La ecuación era sencilla: cuando las personas oran fervientemente por el mundo, Dios suele permitir que ellas sean respuesta a sus propias oraciones. De este modo, dos años después de iniciar los moravos sus vigilias de oración de veinticuatro horas, sus primeros misioneros comenzaron a salir.

El primer gran avivamiento surgió también gracias a la oración unida y ferviente. Jonathan Edwards escribió en 1747 un famoso tratado sobre «conciertos de oración», instando a los creyentes a ambos lados del Atlántico a unirse en oración por la evangelización del mundo. En directa oposición a las guerras de religión europeas, estos conciertos de oración unieron a los cristianos de muchas denominaciones en torno a la necesidad de pedir al Señor que enviara obreros a su cosecha.[22]

En 1806, un grupo de estudiantes del William College de Massachusetts quedaron atrapados bajo una fuerte tormenta y se resguardaron en un henil hasta que escampó. Samuel J. Mills compartió su carga junto al montón de heno, y los presentes ofrecieron oraciones fervientes por la evangelización del mundo. La improvisada reunión de oración concluyó con esta afirmación de la Gran Comisión: «¡Podemos si lo deseamos!».

En seguida, un movimiento de oración estudiantil se extendió a las otras facultades y fue parte integral del segundo gran avivamiento, el Avivamiento Evangélico de principios del siglo XIX. El primer misionero estadounidense que partió para Asia, Adoniram Judson, fue llamado al campo de misión cuando leía un relato de la Reunión de Oración del Henil.[23]

Unidad

Entre distintas culturas y denominaciones

El avivamiento moravo comenzó en un culto de iglesia luterana el 13 de agosto de 1727, cuando refugiados religiosos de varias naciones y culturas se arrepintieron de sus pecados, restauraron relaciones rotas, y se comprometieron a vivir en amorosa unidad unos con otros. Sus «fiestas de amor», o comidas compartidas en un tiempo de comunión, evocaron la entrega y la confraternidad de la Iglesia Primitiva y se hicieron famosas en todo mundo. Durante el primer gran avivamiento de EEUU, los pastores de varias localidades predicaban el evangelio juntamente en las calles —demostrando la unión que produce el amor de Cristo—. Estos pequeños pasos se dieron en un tiempo muy polarizado. Pero el aumento de la unidad del pueblo de Dios respondió a la oración de Jesús en Juan 17, lo que permitió al Espíritu Santo despertar y enviar a sus obreros a nuevos campos de misión.

La combinación de avivamiento, aumento de oración y demostración de amor entre los creyentes del siglo XVIII fue clave para las misiones. Los moravos dieron pronto ejemplo y muchos miles les siguieron. Pero hubo otros factores importantes que causaron el ascenso de esta primera ola de la misión moderna por las costas del mundo.

Providencia

Protestantes europeos

Dios escogió al pueblo judío para ser los primeros miembros y obreros de la Iglesia Primitiva y de su misión. A medida que los gentiles se convertían a la fe de Cristo, se incorporaban a la creciente fuerza misionera. Por quince siglos, hasta donde alcanzan los registros,[24] la inmensa mayoría de misioneros cristianos testificaron dentro del imperio romano (antes y después de su caída en el año 476). Estos primeros misioneros, como el apóstol Pablo, fueron guiados por Dios para llevar el mensaje cristiano desde Jerusalén hasta los límites occidentales del imperio. Notables excepciones fueron el apóstol Tomás, que, según la leyenda, fue el primero en llevar el evangelio a la India,[25] y san Patricio, ciudadano romano procedente de la actual Gran Bretaña, que compartió su fe en Cristo, desde un ángulo transcultural, con el pueblo de Irlanda, donde una vez fuera esclavo.[26] Durante la Edad Media, las órdenes monásticas, como los monjes irlandeses, los dominicanos, los franciscanos y después los jesuitas, siguieron extendiendo la predicación del evangelio. Las comunidades monásticas fueron centros de aprendizaje y faros de avance misionero durante esta era caótica.[27]

La primera ola de la misión moderna supuso el ascenso de los misioneros protestantes europeos y estadounidenses que llevaban las buenas nuevas de Cristo más allá de los límites de Europa a los puertos de América, las islas del Pacífico, y (en menor medida) las principales ciudades portuarias de Asia y África. Al igual que el primer impulso misionero de la Iglesia Primitiva fue hacia el oeste, así también el moderno renacimiento de la misión viajó principalmente en la misma dirección. América fue la primera parada de los misioneros católicos y protestantes, siendo los puertos del Pacífico sur y de Asia los siguientes destinos hacia el oeste. Volveremos a este tema de la expansión de evangelio hacia el oeste en capítulos posteriores.

La evidencia histórica revela que Dios tenía un sabio plan global para evangelizar el mundo que resonó en este periodo particular: «¡Hacia el oeste, jóvenes protestantes, hacia el oeste!»

Tecnología

Johann Gutenberg y la era de la exploración

Un importante acicate que estimuló la predicación en este periodo fue la invención de la imprenta de Gutenberg en 1450, que condujo a la primera impresión masiva (180 copias) de la Biblia en 1455. Durante la primera ola moderna de la misión, las Biblias, los libros cristianos, los folletos y los periódicos fueron medios de difusión de las buenas nuevas de Jesucristo en las ciudades costeras. A las puertas del siglo XXI, la revista *Time* nombró a Johann Gutenberg la persona más importante de los últimos quinientos años, dado que la imprenta aceleró rápidamente la multiplicación del conocimiento en el mundo.[28]

Las carreteras romanas y la lengua griega fueron esenciales para la expansión del evangelio en los primeros siglos. La era de la exploración, la invención de la brújula y otras técnicas de navegación avanzadas permitieron a los barcos ser importantes instrumentos tecnológicos que acudieron en ayuda de la primera ola de la misión moderna. La mayoría de los exploradores de la era colonial eran hombres piadosos con vocación de aventura. David Howard, autor de *Jesus Christ: Lord of the Universe, Hope of the World,* cree que uno de los móviles principales de las exploraciones de Marco Polo y Cristóbal Colón fue la evangelización.[29] Aunque hay evidencia de que los chinos habían descubierto América dos generaciones antes de Colón y los exploradores españoles, ingleses y portugueses,[30] fueron los exploradores occidentales cristianos, entre ellos Colón, Vasco de Gama, Magallanes y James Cook, quienes proporcionaron el transporte necesario para la predicación del evangelio. Dado que los barcos navegaban a bulliciosas ciudades portuarias, esta primera ola de la misión moderna siguió las rutas costeras. Dios usó las infraestructuras de la época para impulsar su propósito global.

Esta época asistió también a la expansión del «misionero bi-vocacional», que a menudo aprovecha empresas o entrevistas de estado para extender el evangelio. Los moravos fueron famosos por su ética de trabajo y sus empresas comerciales. Otros siguieron su ejemplo. David Howard comenta:

> «William Carey, padre del movimiento misionero moderno, se sostuvo a sí mismo y a otros miembros de su misión dirigiendo una factoría de añil y siendo profesor asalariado de sánscrito en la universidad de Calcuta... Comoquiera que a Henry Martin no se le permitió ir a la India como misionero, fue como capellán de la Compañía de las Indias Orientales. Robert Morrison, traductor de la Biblia al chino, también se sostuvo a sí mismo trabajando de intérprete para una compañía comercial. Muchos no se dan cuenta de que David Livingstone fue cónsul del gobierno británico en África y algunos cuadros le revelan exhibiendo el sombrero de su cargo».[31]

Gracias a la pasión de un conde —Nicolás von Zinzendorf— y la visión y la perseverancia de un zapatero —William Carey— nació la era moderna de la misión en el siglo XVIII. Año tras año, más y más misioneros viajaron a bordo de naves oceánicas de la época para anunciar las proclamas de Cristo en los puertos del mundo.

Millones de personas vivían en esas zonas costeras donde florecía el comercio y el mercado. Otros vivían en el interior —Asia, África y otras partes del mundo.

A continuación nos ocuparemos de un hombre cuyos diarios de viajes le convirtieron en la celebridad más fascinante del siglo XIX. Fue un renombrado aventurero y explorador que invirtió treinta años de su vida a descorrer el velo de un continente entero de tribus y pueblos desconocidos. Él también tuvo un corazón misionero.

Capítulo 6

La segunda ola de la misión moderna: Hacia el interior (1850-1930)

La segunda ola de la misión moderna —«El Gran Siglo»— comenzó con la exploración territorial del interior de África llevada a cabo por David Livingstone y otros misioneros, como Hudson Taylor, quien predicó el evangelio en las regiones del interior de China. El avance misional se expandió enormemente por esa época, comenzando en los puertos del mundo y siguiendo luego hacia el *interior*. Este fue el siguiente paso lógico en la empresa de dar a conocer el evangelio a toda persona sobre la tierra. Nadie simbolizó esta época de áspera penetración misionera mejor que el aventurero y explorador David Livingstone —una de las personalidades más interesantes del siglo XIX.

David Livingstone

David Livingstone, «el apóstol de África», nació en Blantyre, Escocia, el 19 de marzo de 1813. Movido por su devoción a Cristo presentó su solicitud a la Sociedad Misionera de Londres, en 1838, para servir en China, pero fue rechazado, debido a que las guerras del opio cerraron el acceso al país. Conoció después a Robert Moffat, misionero pionero en el sur de

África, quien le inspiró a sumar esfuerzos en el Continente Oscuro.[1] Fue ordenado misionero en 1840 y zarpó para Sudáfrica, país donde llegó a principios de 1841. Trabajó varios años al servicio del pueblo backwai; se casó con Mary Moffat, la hija mayor de Robert Moffat; y a través de él se convirtió Sechele, el jefe de la tribu. Sechele sería usado por Dios para predicar el evangelio a su propio pueblo muchos años.[2]

J. H. Worcester cita al Livingstone de este primer periodo: «La obra de Dios continua aquí a pesar de nuestras debilidades. Continuamente se recogen almas, a veces de los que uno menos espera que se vuelvan al Señor. Veinticuatro almas fueron añadidas a la iglesia en el mes pasado, y varias están buscando».[3]

Livingstone envió su familia a Inglaterra en 1852 y comenzó la primera de tres grandes expediciones para explorar y evangelizar el interior de África. La contraseña de su vida fue «Teme a Dios y trabaja duro».[4] En 1855 atravesó todo el continente —ningún europeo lo había hecho antes— y recibió una medalla de oro de la Sociedad Geográfica de Londres. Livingstone se reunió entonces con su familia en Inglaterra y escribió sus notables *Viajes Misioneros* en 1857. Este libro inspiró a centenares de ávidos misioneros para ir a África en las siguientes décadas.

Livingstone retornó triunfante a África en 1858 con su esposa y su hijo mayor en el vapor «Ma Robert» para explorar el río Zambeze. El viaje acabó en decepción al descubrir que el río Zambeze no era navegable en todo su recorrido, y la familia Livingstone regresó a Inglaterra. Livingstone siguió explorando y predicando a Cristo en África Central y publicó otro libro popular *Zambezi and its Tributaries,* que criticaba la trata de esclavos de los musulmanes en la región. Al respecto escribió: «¿No puede el amor de Cristo llevar al misionero adonde el comercio de esclavos lleva al tratante?».[5]

Otros viajes —Livingstone intentó localizar el nacimiento del río Nilo y acabó descubriendo el lago Tanganica en 1867— le indujeron a escribir su último libro *El último diario*. Livingstone sufrió muchas enfermedades y peligros de muerte en sus últimas expediciones. El 10 de noviembre de 1871, tuvo su famoso encuentro con Henry M. Stanley, quien había sido enviado por el *New York Herald* para buscarle en las espesuras de África. Stanley fue un ateo confeso que después se convirtió a Cristo gracias al ejemplo de Livingstone.

Dos años después, en 1873, seguía avanzando aunque se encontraba ya bastante enfermo. No poco después David Livingstone fue encontrado muerto en una cabaña —había estado arrodillado orando por África—. Su corazón físico fue debidamente enterrado en suelo africano, pero su cuerpo fue finalmente transportado a Inglaterra, como correspondía a unos de sus hijos más amados, cuyos restos descansarían en la abadía de Westminster. Al enterarse de la muerte del legendario explorador, Florence Nightingale escribió en una carta a su enlutada amiga: «Dios se ha llevado al hombre más grande de su generación, en la que el doctor Livingstone se destacó como ninguno».[6]

Worcester explica: «Destacó como misionero explorador, viajó casi 47.000 kilómetros a través de África y añadió a la porción conocida del globo casi dos millones seiscientos mil kilómetros cuadrados…, fue el primer europeo en explorar longitudinalmente todo el lago Tanganica…, incrementó enormemente el conocimiento de la geografía, la flora y la fauna del interior, y con todo, nunca perdió de vista los grandes objetivos de su vida: la abolición de la trata de esclavos y la evangelización de África».[7]

Livingstone mostró la anchura y la belleza del continente africano para que otros evangelizaran y discipularan. Como misionero, fue un precursor, un pionero que abrió el continente para que el cristianismo penetrara en él.

J. Hudson Taylor

En el extremo opuesto del mundo, intrépidos misioneros llevaban la fe a las regiones interiores de la «más oscura Asia». Su mayor reto fue China. Carl Lawrence y David Wang explican en *The Coming Influence of China* «Los primeros misioneros establecieron cabezas de playa para el evangelio a lo largo de la costa. Hudson Taylor fue punta de lanza del movimiento hacia el interior. Su obra está rindiendo hoy un fruto extraordinario».[8]

James Hudson Taylor fue el hombre que Dios escogió para penetrar en el misterioso interior del «Reino Medio». Fred Barlow explica: «"Él debe mover a los hombres rogando a Dios en oración" —ésta fue la filosofía de J. Hudson Taylor, primer misionero al interior de China y fundador de la Misión al Interior del país. Y desde aquel día de diciembre en que un adolescente oyó del cielo "Ve por Mí a China", este joven inglés partió para demostrar su filosofía. Lo hizo tan exitosa y milagrosamente que logró acuñar algunas de las lecturas más emocionantes registradas en los anales de la evangelización».[9]

Hudson Taylor nació en 1832 en Barnsley, Yorkshire, Inglaterra. Su padre fue farmacéutico y predicador metodista laico. Taylor trabajó cuando era adolescente en Drainside, Hull, para obtener experiencia médica. Zarpó rumbo a China en 1853, a los veintidós años. Sirvió a otros obreros y aprendió la cultura china en Shanghai por aquel tiempo. Pero Taylor no estaba contento al tener que convivir con otros misioneros. Menos de un año después de su llegada a China comenzó a hacer viajes al interior. En uno de ellos, recorrió el río Yangtsé curso arriba y se detuvo en casi sesenta asentamientos nunca visitados por un misionero protestante.[10] Así comenzaron cincuenta años de ministerio en China en los que Taylor lanzaría y organizaría la mayor acometida misionera en el país y cambiaría en gran manera el rostro de la misión protestante.

En sus primeros viajes, Taylor concluyó que para ganar al pueblo chino debía hacerse como uno de ellos. J. C. Pollock cuenta que Taylor cambió su atuendo y se tiñó el pelo para parecerse más a los chinos, lo cual no era fácil para un britano caucásico. Más tarde exclamó: «No me conocerían si me encontraran en la calle con otros chinos…, nadie sospecha que soy extranjero».[11] Taylor hizo diez viajes misioneros en sus dos primeros años (1854-56). Él y su familia regresaron a Inglaterra en 1861 para escribir acerca de la misión en China, reclutar más misioneros y recaudar fondos para la obra.

El 25 de junio de 1865, en Inglaterra, Taylor se dedicó a Dios para fundar una nueva sociedad que asumiera la evangelización de las provincias no evangelizadas del interior de China. Poco después fundaría la Misión al Interior de China juntamente con William Thomas Berger. En menos de un año, aceptaron veinticuatro misioneros y recaudaron más de 2.000 libras (unos 300.000 dólares actuales). A principios de 1866, Taylor publicó la primera edición del *periódico ocasional de la Misión al Interior de China,* que más adelante se titularía *Los millones de China.* Taylor estableció la primera misión de fe protestante, un modelo a seguir en años posteriores.

Hudson Taylor resumió su misión de la siguiente manera:

> «La Misión al Interior de China se constituyó, empujada por un profundo sentido de la urgente necesidad, un deseo ferviente, y constreñida por el amor de Cristo y la esperanza de su venida, para obedecer su mandato de predicar el evangelio a toda criatura. Su objetivo es, con la ayuda de Dios, llevar a los chinos al conocimiento salvador del amor de DIOS en CRISTO, por medio de la obra itinerante, localizada por todo el interior de China… La Misión es Evangélica y abarca a las principales denominaciones cristianas».[12]

Taylor resolvió usar los siguientes métodos en su campaña en favor del pueblo chino:

> 1. Que los candidatos debidamente cualificados para la obra misionera debían ser aceptados sin restricción por lo que respecta a su denominación, con tal que proclamaran rectitud de fe en todas las verdades fundamentales.
>
> 2. Que todos los que salieran como misioneros debían depender de DIOS para recibir provisión temporal, y entender claramente que la Misión no les garantizaba ningún ingreso; y saber que la Misión no podía endeudarse, sólo podía ministrar a los que estuvieran relacionados con ella en la medida en que los fondos enviados de vez en cuando lo permitieran.[13]

Además:

> La Misión se sostiene enteramente con las ofrendas libres y voluntarias del pueblo de DIOS. Las necesidades de la obra se ponen delante de Dios en oración, ya que no se autorizan peticiones o colectas. No se gasta más de lo que se recibe, y se considera que el endeudamiento es contrario al principio de entera dependencia en Dios.[14]

Taylor y su familia agrandada de veinticuatro misioneros volvieron a China en 1866, se ataviaron con ropas típicas, se cortaron el pelo, todo ello al estilo chino, y partieron con celo renovado a ganar a la población del interior. Su equipo viajó por el Gran Canal de China para establecer su primer asentamiento en Hangzhou. En 1868 los Taylor llevaron un grupo de misioneros para comenzar nueva obra en Yangzhou. A pesar de sufrir varios accidentes y enfermedades y los rigores de la vida misionera, muchos chinos se entregaron al Señor.

Pollock dice:

> «En ese año memorable de 1870, Taylor era todavía un joven de treinta y tantos. La Misión al Interior de China sumaba treinta y tres miembros y tenía bases en tres de las doce provincias chinas. Tras dieciséis años de servicio misionero exigente y quebrantos de salud, con gran coste personal (la pérdida de su esposa y tres de sus siete hijos queridos) Hudson Taylor no perdió de vista su meta. A decir verdad, tuvo mayor seguridad que nunca de que Dios le había llamado y le seguía llamando a evangelizar todo el país de China —por imposible que la tarea pareciera».[15]

Por el resto de su vida, Hudson Taylor expandió la Misión al Interior de China hasta ochocientos misioneros que servían en 205 bases de misión y guiaron 125.000 chinos a Cristo.[16] Hudson Taylor murió en 1905 dejando uno de los legados más grandes en los anales de la misión cristiana.

La dinámica Misión al Interior de China siguió prosperando. En la década de 1930-40, la membresía de la misión había crecido hasta 1.285. Los ingresos totales, desde 1900, ascendían a 20 millones de dólares, sin solicitarlos; entre tres y cuatro mil obreros chinos se habían incorporado a la misión; y en las primeras tres décadas del siglo XX los bautismos totalizaban más de cien mil.[17]

La influencia de Hudson Taylor en el movimiento de la misión protestante fue inmensa. Pocos misioneros en los veinte siglos transcurridos desde el apóstol Pablo tuvieron una visión más amplia y llevaron a cabo un plan más sistemático de evangelizar un área geográfica tan extensa como lo hiciera James Hudson Taylor. Él tenía habilidad para la organización y una personalidad magnética que atraía hombres y mujeres a su punto de vista. Su creación, la Misión al Interior de China, fue un modelo para futuras misiones de fe.

Ralph Winter y Steve Hawthorne comentaron: «Dios le honró

de una manera especial porque su mirada estaba puesta en los pueblos menos evangelizados del mundo. Hudson Taylor contó con un viento divino a sus espaldas… Su organización, la Misión al Interior de China, la más cooperante y servicial surgida hasta la fecha, prestó ayuda a más de 6.000 misioneros, predominantemente en el interior de China. Tuvieron que pasar 20 años hasta que otras misiones se unieran al especial enfoque de Taylor: los no evangelizados, las fronteras del interior».[18]

C. T. Studd, John Mott, y el Movimiento Voluntario Estudiantil

Otro movimiento crucial del Espíritu Santo en la segunda ola de la misión moderna fue el ensanche de las filas misioneras en todo el mundo —especialmente en las fronteras del interior—. El Movimiento Voluntario Estudiantil (MEV) nació en la conferencia misionera Monte Hermón, Massachusetts, 1886. Su comienzo fue incluso anterior, cuando algunos estudiantes de la universidad inglesa de Cambridge —los Siete de Cambridge— dieron la espalda a varias carreras y entregaron sus vidas a la misión en el extranjero.

En ese grupo estaba el jugador de cricket C. T. Studd, quien partió para China en 1885, donde sirvió quince años y otros seis en la India. Studd dedicó luego el resto de su vida a África Central, donde fundó la Misión Corazón de África, que más adelante sería la Worldwide Evangelization Crusade (Cruzada de Evangelización Mundial, actualmente WEC Internacional). Uno de mis primeros profesores de misión en Nueva Zelanda, Ivor Davies, misionero de WEC que había sido parte del avivamiento del Congo en los años «30», siguió las pisadas de C. T. Studd.

El Movimiento Voluntario Estudiantil prosperó unos cincuenta años, periodo muy útil en el que se enviaron 20.500 estudiantes al campo de misión extranjero, la mayoría de ellos provenientes de América del Norte. Se estima que a principios del siglo XX los estudiantes voluntarios constituyeron la mitad de la fuerza misionera protestante en ultramar.[19]

El principal movilizador de esos estudiantes misioneros fue John R. Mott, quien asistió a una pequeña universidad de Iowa. El verano de

1886, Mott representó a la Asociación Cristiana de Jóvenes Varones (YMCA, por sus siglas en inglés) de la Universidad de Cornell en la primera conferencia estudiantil cristiana internacional. En esa conferencia, que congregó a 251 varones de ochenta y nueve escuelas y universidades, cien —incluido el propio Mott— se comprometieron a trabajar en misiones en el extranjero. Dos años después, nació el Movimiento Voluntario Estudiantil para Misiones Extranjeras.

Mott tuvo extraordinario éxito como movilizador a la misión. Escribió dieciséis libros, cruzó el Atlántico unas cien veces y el Pacífico catorce (empleando una media de treinta y cuatro días en el mar por año durante cinco décadas), pronunció miles de alocuciones y presidió innumerables conferencias.[20] Muchos otros se unieron a él para llamar a la juventud de su generación a la misión global.

Ruth Tucker declaró:

> «John R. Mott, tal vez más que ningún otro individuo, influyó en la afluencia de estudiantes a las misiones extranjeras... El rasgo más sobresaliente de la carrera de Mott como misionero excepcional fue la Conferencia Misionera de Edimburgo de 1910, la cual él organizó y presidió. Esta conferencia de 10 días, a la que asistieron 1.355 delegados fue la primera de su especie..., punto culminante de entusiasmo misionero; la llamada a evangelizar el mundo "en esta generación" aún flotaba en el aire».[21]

El «Gran Siglo» se extendería más allá de 1914, hasta la segunda y tercera décadas del siglo XX, en las que muchos misioneros notables se incorporarían a la ola expansiva de la evangelización del mundo. Detengámonos ahora en las claves del éxito misionero que acompañaron a este periodo notable.

¡Avivamiento!

El segundo gran avivamiento

Lo que preparó el terreno para la segunda ola de la misión moderna fue un despertamiento espiritual emparentado, conocido como el segundo gran avivamiento, llamado también avivamiento evangélico, que impactó a las islas británicas, otras naciones europeas y especialmente los EEUU entre la década 1790-1800 y la 1830-1840. El historiador de avivamientos J. Edwin Orr ha escrito:

> «No cabe duda de que el avivamiento general de los años 1790 y 1800, con sus antecedentes, fue el principal factor del extraordinario estallido de entusiasmo misionero y servicio social, primeramente en Gran Bretaña, y después en Europa y América del Norte... William Carey, fundador y pionero de la Sociedad Misionera Bautista, fue uno de los primeros que implantaron en Inglaterra la oración simultánea unida que se propagó por el cristianismo evangélico y cumplió su propósito expreso en el avivamiento de la religión y la extensión del Reino de Cristo en el extranjero... El avivamiento demostró su dinamismo».[22]

El avivamiento evangélico tocó especialmente campus universitarios a ambos lados del Atlántico, y en EEUU fue uno de los principales estímulos para los movimientos misionales estudiantiles que surgirían en ese siglo. En los EEUU esta renovación produjo evangelistas que influyeron grandemente en las regiones noreste y sur del país.

Otro derramamiento en los EEUU, conocido como el gran avivamiento, comenzó en 1857 como reacción a una quiebra de la bolsa de valores y el pánico que ello ocasionó. Durante esos años, el renovador Charles Finney, convertido a Cristo durante el segundo gran avivamiento, predicó en Rochester, Nueva York, ciudad en la que cien mil personas tomaron decisiones por Cristo, dejando en esa ciudad fruto espiritual que duraría más de cien años.[23]

Oración

Jeremías Lanphier y la calle Fulton

El avivamiento se puede concebir como un incendio, y también como un arma de fuego que dispara las balas de la obra del Espíritu Santo en las vidas de muchos. Si el avivamiento es la pistola de la misión cristiana, ciertamente la oración es la pólvora que dispara la munición.[24] La Reunión de Oración del Henil, los conciertos de oración y los crecientes movimientos de oración del avivamiento evangélico ejercieron gran impacto sobre el éxito misionero del Gran Siglo.

Uno de los movimientos de oración más inusitados del periodo fue el de las «reuniones de oración al mediodía», dirigidas por laicos, que ayudaron a prender el gran avivamiento de 1857. Este avivamiento de oración se atribuye a Jeremías Lanphier, un comerciante de Nueva York. El 23 de septiembre de 1857 Lanphier subió unas crujientes escaleras hasta el tercer piso de un viejo edificio de la calle Fulton, en el Bajo Manhattan, se sentó y esperó. Había colocado un letrero en la calle que decía «Reunión de Oración de 12 a 1. Pase 5, 10 o 20 minutos, o la hora entera, si dispone de tiempo». En los primeros días sólo se le unió una pareja. Una semana después subieron seis personas. El 14 de octubre de 1857 el país fue sacudido por la peor crisis financiera de su historia. Los bancos cerraron sus puertas, los hombres se quedaron sin trabajo y el hambre amenazó a muchas familias.

La siguiente semana se reunieron veinte personas para orar y una semana después, cuarenta.

Pocas semanas después del derrumbamiento financiero, la reunión de oración de la calle Fulton ocupaba todo el edificio y acogía a tres mil personas. A los seis meses, diez mil empresarios se reunían diariamente en Nueva York para orar.

El avivamiento de oración pronto saltó el océano Atlántico y también se extendió por todo EEUU, impactando a las principales ciudades del país. Después de varios años y de perseverar durante la guerra civil de los EEUU, se estima que más de un millón de personas se entregaron a Cristo, entre ellas 43.388 metodistas del sur, 135.517 metodistas del norte y 92.243 bautistas.[25] Este particular movimiento de oración estuvo dirigido principalmente por laicos, no clérigos, y constituyó el telón de fondo del gran resurgimiento misionero que se extendería por el mundo en las décadas siguientes.

Unidad

Monte Hermón (1886) y Edimburgo (1910)

Los avivamientos y sus correspondientes fuerzas motrices de oración crearon un fuerte vínculo entre creyentes, derribaron barreras denominacionales y animaron a las personas a colaborar en el espíritu de la oración de Jesús, en Juan 17:21-22. En este pasaje Jesús muestra la correlación directa entre la unidad y la evangelización del mundo.

El periodo entre 1880-90 y 1939-40 también asistió a la celebración de algunas de las primeras conferencias misioneras unidas cuyo punto de mira fue el cumplimiento de la Gran Comisión. El evangelista D. L. Moody convocó la Conferencia de Monte Hermón en 1886, la primera convención bíblica nacional e inter-estudiantil de EEUU. La consecuencia inmediata de la Conferencia del Monte Hermón fue que cien jóvenes decidieron entregar su vida a las misiones —entre ellos el joven John R. Mott, que se encargaría de dirigir el Movimiento Voluntario Estudiantil por décadas—. Como comentamos anteriormente, Mott organizaría más tarde la Conferencia Misionera de Edimburgo de 1910 —la primera conferencia misionera de su especie que unió a toda la iglesia para completar la tarea de la evangelización del mundo.[26]

El historiador eclesiástico Kenneth Scott Latourette cree que el periodo 1815-1914 fue extremadamente importante en la historia de la humanidad y del avance cristiano. Las filas misioneras aumentaron exponencialmente durante este periodo. Latourette comenta que, según se asegura, en 1914 el personal de las organizaciones misioneras protestantes ascendía a 5.462. E incluso en época tan tardía como 1895, unos dos tercios procedían de las islas Británicas, aproximadamente un tercio de los EEUU, y entre el 2 y el 3 por ciento del continente europeo. Para 1914, aproximadamente la mitad procedía de los EEUU, dos quintas partes de las islas Británicas y casi la décima parte del continente europeo.[27]

Providencia

Las mujeres se incorporan a la misión global

En esta segunda gran ola de la misión moderna, Dios guio a su pueblo a evangelizar más allá de las zonas costeras del mundo, a los pueblos del interior de naciones antes desconocidas e inexploradas. Era arriesgado aventurarse en esas regiones ignotas por las frecuentes enfermedades, tribus agresivas u hostiles, barreras idiomáticas y costumbres extrañas. Pero a partir de David Livingstone en África, e inspirados por los audaces logros de Hudson Taylor en China, miles de jóvenes misioneros se aventuraron a oír el llamamiento.

En esta época se produjo un cambio notable en la misión con la incorporación de la mujer. Las mujeres siempre habían servido como importantes difusoras del evangelio a través de la crianza de los hijos, las responsabilidades familiares y la impartición personal de la fe. En la Edad Media muchas cristianas europeas fueron obligadas a casarse con sus conquistadores vikingos y abandonar sus países de origen como esclavas domésticas. Una consecuencia positiva de esta barbarie fue la introducción de la fe de Jesús en lugares como Suecia, Noruega, Dinamarca y Finlandia. En el periodo medieval, varias monjas, entre otras la famosa Brígida de Irlanda (o Brígida de Kildare) y Clara, de las *Clarisas Pobres* (grupo relacionado con san Francisco de Asís), fueron vitales para la propagación de la fe cristiana.

Pero el siglo XIX otorgó tal libertad y liberación a la mujer para servir en la misión que influyó grandemente en la historia de la evangelización mundial. En 2001 casi el 60 por ciento de todos los misioneros que había en el mundo eran mujeres. Esta tendencia comenzó durante la segunda ola de la misión moderna y fue catapultada en la guerra civil de los EEUU, en la que perdieron la vida seiscientos mil hombres. Debido a tan importante pérdida de liderazgo masculino, capacidad para ganarse la vida y roles tradicionales en algunas familias, las mujeres se dispusieron a reconstruir la nación y la iglesia estadounidenses.

David M. Howard aporta su perspectiva:

> «La guerra civil impulso intensamente a la implicación de la mujer en la misión. Fue una fuerza educativa en el país, ya que a través de ella las mujeres se vieron obligadas a organizarse acuciadas por su patriotismo y su compasión por los hombres que pelearon. En los diez años que siguieron a la guerra, se fundó gran número de organizaciones y nuevas sociedades misioneras… La primera mujer soltera enviada al extranjero de que se tiene noticia fue Betsy Stockton, una mujer de color».[28]

Esta nueva oportunidad para la incorporación de mujeres solteras al cada vez más nutrido ejército misionero produjo heroínas como Lottie Moon en China, la «santa patrona» de la Misión Bautista del Sur (1873-1912); la misionera irlandesa Amy Carmichael, que prestó cincuenta y cinco años de servicio en la India (1895-1951); y la pionera británica Gladys Aylward, quien también sirvió en China (1932-1957).

Tecnología

La revolución industrial

Una de las principales fuerzas que impulsaron la segunda ola de la misión moderna fue la revolución industrial, que creó unas clases medias más fuertes y prósperas tanto en Europa como en Estados Unidos. Se ganaba más dinero, se necesitaban más materias primas y se producía más riqueza que podía ser usada para financiar la evangelización del mundo.

La revolución industrial, desde el siglo XVIII al siglo XIX fue un periodo de gran cambio. Los avances en agricultura, manufacturación, minería y transportes acarrearon vastos cambios económicos y sociales en todo el mundo. Este importante punto de inflexión de la historia catapultó a muchos países —y misiones— al mundo moderno que hoy conocemos.

A partir del último periodo del siglo XVIII, dio comienzo una transición a la manufacturación con maquinaria industrial en algunos sectores de la economía británica, que hasta esa época sólo se había basado en la mano de obra manual y animales de tiro. Primero llegó la maquinaria para impulsar la industria textil e incrementar la producción de metales y el uso generalizado del carbón. La constante mecanización permitió la construcción de mejores y más grandes canales en mucho menos tiempo, seguida de la gran mejora de las carreteras y, en la década de 1830, la aparición del ferrocarril. La invención del barco de vapor fue una gran bendición para el incremento de la producción industrial. El desarrollo de las herramientas y máquinas de metal en las primeras dos décadas del siglo XIX provocaron un crecimiento exponencial de la capacidad económica. Estas potentes innovaciones se propagaron por Europa y América del Norte durante el siglo XIX, creando gran cantidad de riqueza y un fortalecimiento de la clase media.

Los misioneros cristianos se beneficiaron grandemente de una revolución industrial que proporcionó viajes más rápidos en vapores que quemaban carbón, y suministró mejores medicinas para combatir la enfermedad. La revolución produjo también un mayor nivel de vida que aumentó las dádivas encauzadas a la causa misionera y un optimismo general junto con la visión estadounidense del Manifiesto Destino —expresión usada originalmente en 1845 para calificar la expansión estadounidense por el continente hacia el Pacífico, y que después se extendería para incluir la misión del país en el mundo.[30]

Tal como Gran Bretaña se ganó el título de líder de la misión global en el siglo XIX, en el siglo XX se preparó el terreno para el ascenso de los EEUU a esa posición. Ruth Tucker declara:

> «EEUU se convirtió a mediados del siglo XX en el gran «emisario» de misioneros al mundo... En muchos sentidos fueron distintos a sus precursores. Entre ellos hubo cada vez más mujeres y los estudiantes voluntarios universitarios salían mejor preparados y con formación teológica más sólida... Como sus predecesores, fueron audaces individualistas, atemperados por olas de avivamiento y espoleados por un espíritu pionero —y la tecnología más reciente— para impulsar el avance del evangelio».[31]

El «Gran Siglo» de Latourette (1815-1914) demostró ser un gran beneficio para la evangelización del mundo. Pero lo mejor estaba aún por llegar.

Capítulo 7

La tercera ola de la misión moderna: A los pueblos no evangelizados (1930 hasta el presente)

El foco misionero del siglo XX se desplazó desde las costas y los territorios del interior hacia un objetivo más definido: los *pueblos no evangelizados,* cuyo número asciende a trece mil en todo el mundo. Estos son las naciones, etnias o grupos étnicos, mencionados en el Nuevo Testamento (*ethnos o ethne* en griego). Ésta sería la tercera ola —la más grande hasta la fecha—. Una vez que muchos puertos y zonas del interior experimentaron un aumento en la actividad misionera, era natural poner el punto de enfoque, como un rayo láser, sobre los que habían sido descuidados. Esto requirió una amplia diversidad de aproximaciones para compartir las buenas nuevas.

He aquí el divino punto de mira del siglo XX: *acceder a los pueblos inalcanzados empleando métodos especiales de evangelización.*

Ruth Tucker explica:

> «El misionero típico del siglo XIX, si es que lo hubo, fue evangelista. Su tiempo se consumía mayormente en salvar almas y fundar iglesias. Aunque practicara la medicina o tradujera las Escrituras, fue en primer lugar predicador del evangelio. En el siglo XX fue cambiando la idea del misionero. La

> obra misionera se fue diversificando en gran manera. A mediados de siglo se habían fundado muchas sociedades misioneras con el propósito específico de promocionar ciertas especialidades, y en las décadas siguientes se asumió que el misionero se debía especializar en un aspecto particular del ministerio».[1]

Este concepto de «pulido y bien formado» conduciría a la cosecha más grande de todos los tiempos. A decir verdad, más personas entregaron su vida a Cristo en el siglo XX que en todos los siglos anteriores en su conjunto.[2] Si Latourette tenía razón al etiquetar el siglo XIX como «Gran Siglo» de la expansión cristiana, entonces el siglo XX ciertamente pasará a la historia como «Gran Siglo» de la misión cristiana.[3]

En primer lugar resaltaré tres pioneros de la misión que sirvieron como precursores e innovadores durante este periodo especial: Donald McGavran, Cameron Townsend y Ralph Winter. McGavran fue uno de los primeros en enseñar el concepto de «grupos étnicos». Townsend aplicó este concepto a la traducción de lenguas y fundó una de las organizaciones misioneras más grandes que existe hoy en el mundo: los Traductores Bíblicos Wycliffe. Winter preconizó el hincapié en los grupos étnicos inalcanzados a observar por toda la iglesia. Estos tres, juntamente, ayudaron a establecer los objetivos y las estrategias de la ola del siglo XX para culminar la Gran Comisión.

Donald McGavran

Donald McGavran (1897-1990) fue misionero, educador, autor y decano fundador de la Escuela de Misión al Mundo del Seminario de Teología Fuller, en Pasadena, California. Nació el 15 de diciembre de 1897 en la India. Fue hijo y nieto de misioneros. A los trece años, Donald acompañó a su padre a Escocia, pues su progenitor fue uno de los 1.355 delegados de la famosa Conferencia Misionera de Edimburgo organizada por John R. Mott. Después regresaron a EEUU. Donald sirvió en el ejército durante la Primera Guerra Mundial. En 1919, durante una conferencia de la YMCA (Asociación Cristiana de Jóvenes Varones) en el lago Geneva, Wisconsin, McGavran dedicó su vida a ir donde el Señor le enviara y cumplir así su voluntad.[4]

Se casó con Mary Howard en 1922. En 1923 la joven pareja fue encomendada a la misión por la Sociedad Misionera Cristiana Unida. Zarparon rumbo a la India, donde sirvieron casi tres décadas desempeñando un ministerio educativo y evangelizador. McGavran se hizo cargo del sistema educativo misionero en Harda por ocho años, y después de un tiempo sabático, en el que completó sus estudios de doctorado en la Universidad de Columbia, regresó con su familia a la India. Entonces sirvió en Jubbulpore y más tarde en Takhatpur, donde dirigió una leprosería y evangelizó a varias castas.

Después de treinta y un años en el campo de misión, la familia McGavran volvió a EE.UU. por un tiempo sabático. Aunque la intención de Donald y de Mary era regresar a la India, la misión le envió a otras partes del mundo para investigar el progreso de las iglesias fundadas por la propia misión, así como de otros grupos cristianos relacionados. También fue lector invitado en varios seminarios de EEUU, Puerto Rico, Jamaica, Filipinas, Tailandia y Zaire (Congo) en el periodo 1954-1960. Comenzó a escribir y enseñar extensamente sobre las teorías que había desarrollado en la India, de las que trató en su libro para roturar el terreno: *Bridges of God* publicado en 1955.

A partir de 1961, con el nacimiento del Instituto para el Crecimiento de la Iglesia, y después como decano fundador de la Escuela Fuller de Misión al Mundo (1965-1971), proyecto con el que estuvo estrechamente vinculado hasta su muerte, acaecida en 1990, McGavran enseñó una perspectiva misionera que iba a ejercer enorme influencia no sólo en la manera en que los protestantes evangélicos hacían misión, sino en su concepción general de la vida de la iglesia.

En sus años de servicio, McGavran desarrolló una metodología de *contextualización* del evangelio en cada cultura, que resultó crucial para su avance generalizado a través de una población mundial explosiva. Comentando *Bridges of God* de McGavran, Ralph Winter asegura que contiene:

> «Los clásicos llamamientos para que los misioneros utilicen los «puentes» de la familia y los lazos de parentesco en cada grupo étnico para promocionar de este modo los «movimientos de pueblos» hacia Cristo… Para cristianizar a todo un pueblo, lo primero que hay que hacer es no arrebatar individuos para

> apartarlos del mismo y formar una sociedad distinta. Así pues, un movimiento hacia Cristo en un pueblo puede ser derrotado, bien extrayendo al nuevo cristiano de su sociedad (es decir, permitiendo que sus parientes no cristianos le obliguen a salir), bien por el dominio que los no cristianos ejercen sobre los cristianos para que su nueva vida en Cristo no sea evidente… Es importante notar que la decisión del grupo no consiste en la suma de decisiones individuales. El líder se asegura de que sus seguidores le siguen. Los seguidores se cercioran de que no se adelantan los unos a los otros. Los maridos consultan con sus esposas… En tanto el grupo considera hacerse cristiano, sube la tensión y aumenta la emoción. Ciertamente, está en marcha una votación prolongada e informal. Un cambio de religión implica un cambio de comunidad. Sólo cuando se mueven sus miembros pasa a ser el cambio saludable y constructivo».[5]

Los conceptos de contextualización de los «movimientos de pueblos» de McGavran y la idea de que las culturas tienen que ser redimidas mediante «analogías redentoras» contribuyeron de manera importante a fundar iglesias y movimientos de evangelización en el siglo XX. McGavran ayudó a que el oleaje de las misiones se trasladara desde los puertos y territorios del interior hacia los grupos sociológicos de cada país y, al mismo tiempo, instó a los misioneros y sus conversos a considerar en detalle los medios más eficaces para fundar iglesias de crecimiento rápido y movimientos misionales indígenas.

Cameron Townsend

Cameron Townsend fue otro pionero de la misión del siglo XX que ayudó a la iglesia a darse cuenta de la necesidad de especializar sus tareas para completar la Gran Comisión. Según Ralph Winter, William Cameron Townsend fue uno de los tres líderes más influyentes de los dos últimos siglos.[6] Su especialidad fueron las lenguas, y de su visión surgió la organización lingüística más solvente del mundo, Traductores Bíblicos Wycliffe, dedicada a traducir la Biblia a todas las lenguas de la tierra. Townsend creía que «el mejor misionero era la Biblia en la lengua materna. No necesita vacaciones y nunca se considera extranjera».[7]

Cam Townsend (como se le solía llamar) nació en California en 1896, durante un tiempo de recesión económica. Fue educado en la iglesia presbiteriana, vivió en California y se matriculó en el Occidental College de Los Ángeles. El primer año de estudios universitarios de Townsend, John R. Mott visitó el Occidental College y retó a los estudiantes a entregar sus vidas a la evangelización del mundo en esta generación. Townsend se entrevistó con Mott, se incorporó al Movimiento Voluntario Estudiantil (MVE) y dedicó su vida a la Gran Comisión. Se alistó en la Guardia Nacional en 1917 y se dispuso a servir a su país en tiempo de guerra. Pero cuando conoció a un misionero de permiso que le retó a obedecer su compromiso con el MVE e ir al campo de misión en vez de al campo de batalla, Townsend reaccionó. Solicitó y se le concedió la baja para prestar un servicio misionero de un año en Guatemala. Llegó a su destino en agosto de 1917.

Un temprano incidente ocurrido en su viaje provocó un impacto profundo en su vida, cambió su perspectiva personal y el curso de la historia de la misión. Townsend convivió con los indios cakchiquel; un día un hombre se le acercó y se fijó en su Biblia impresa en español. Townsend le explicó que era la palabra de Dios, el Creador de toda la humanidad. El hombre repuso francamente: «Si su Dios es tan inteligente, ¿por qué no habla mi idioma?». Townsend se aturdió al darse cuenta que éste y otros doscientos mil cakchiquel que vivían en Guatemala no tenían acceso a las Escrituras porque sabían poco español o ignoraban el idioma.

La juiciosa observación puso sobre Townsend una carga por los miles de personas y centenares de tribus sin una sola página de las Escrituras en su lengua. Townsend dedicó los trece años siguientes a los indios cakchiquel, tiempo en el que tradujo la Biblia a su idioma. Esta hazaña requirió diez años.

Preocupado por otras tribus minoritarias, Townsend regresó a EEUU e inauguró el Campamento Wycliffe (en honor a John Wycliffe, el primero en traducir la Biblia al inglés) en 1934. El campamento fue diseñado para enseñar a los jóvenes fundamentos de lingüística y métodos de traducción. Se enrolaron dos estudiantes. Al año siguiente asistieron cinco. Desde este humilde principio surgió el ministerio del Instituto Lingüístico de Verano, y en 1942 se establecieron los Traductores Bíblicos Wycliffe —actualmente una de las organizaciones misioneras más grandes del mundo.

Townsend tuvo profunda preocupación por traducir la Biblia a otras lenguas y servir a las necesidades concretas de la gente, lo que le condujo a trabajar como embajador de buena voluntad en muchos países. Trabajó en Guatemala desde 1917 hasta 1934, y en México desde 1935 hasta 1946, donde se hizo amigo del presidente Lázaro Cárdenas, cuya biografía escribió en 1952. Vivió en Perú desde 1946 hasta 1963, y después de 1968 viajó once veces a la antigua URSS desde su hogar, en Carolina del Norte. Cuando sobrevino su muerte en 1982, era amigo personal de cuarenta y dos jefes de estado y había supervisado el esfuerzo de miles de traductores que trataban de verter la Biblia en más de 6.900 lenguas. Actualmente los Traductores Wycliffe trabajan en noventa países y están implementando la «Visión 2025», un extraordinario esfuerzo para proporcionar la Biblia a las 2.200 lenguas que aún precisan de traducción.[8]

Cameron Towsend, afectuosamente llamado «Tío Cam» por sus asociados, descubrió una «especialidad» de ministerio que podía expandir grandemente las buenas nuevas: imprimir la Palabra de Dios en la lengua materna de toda persona sobre la tierra. Claude Hickman, en su biografía de Cameron Townsend, declara:

> «Al Tío Cam se le atribuye el principio de la etapa final de la era de la misión que hoy vivimos. Es una era que no sólo se centra en alcanzar continentes y países del interior, sino cada grupo étnico bien definido, o etnia que hay en el mundo. Este enfoque en los grupos étnicos, derivado del significado original de la palabra "naciones" (ethnos), tal como aparece en el Nuevo Testamento y en la Gran Comisión, es un compromiso para hacer obra pionera en todo grupo etno-lingüístico».[9]

Ralph Winter

Un tercer misionero pionero moderno —el Dr. Ralph Winter (1924-2009), fundador del Centro Estadounidense de Misión al Mundo— tomaría los conceptos de Donald McGavran y los métodos de Cameron Townsend y los cristalizaría para dar el siguiente paso vital de la misión. Esta tercera ola de la misión moderna, que se centraría en los *pueblos escondidos* o *inalcanzados*, llegaría a ser la pasión de Winter. Fue él quien acuñó la expresión «pueblos escondidos» en una alocución pronunciada en el Congreso de Lausana de 1974, en una convención de una serie dedicada a completar la Gran Comisión. Su expresión alude a los grupos étnicos ocultos a *nuestra vista,* no escondidos de nosotros.

Durante su presentación, Winter desplazó la estrategia de la misión global de los límites políticos a los grupos étnicos. Winter arguyó que en vez de tener por objeto países, las agencias misioneras debían tener por objeto los miles de etnias que hay en todo el mundo, más de la mitad de las cuales no habían sido alcanzadas por el mensaje del evangelio. Billy Graham, el convocante del Congreso de 1974, comentó: «Ralph Winter no sólo ha promocionado la evangelización en muchas juntas de misión por todo el mundo, sino que además, con su investigación, su instrucción y sus publicaciones ha acelerado la evangelización del mundo».

En los últimos cuarenta años, la evangelización de los pueblos no evangelizados del mundo ha sido el grito de guerra más claro de la tercera ola.

Ralph Winter nació el 8 de diciembre de 1924 en Los Ángeles, California. Mientras estudiaba en la Escuela Cal Tech, se alistó en la marina estadounidense. Sus jefes lo enviaron para que concluyera su diplomatura porque necesitaban ingenieros. Acabó sus estudios en dos años y medio. Después de inscribirse en el programa de instrucción de pilotos para la marina, terminó la guerra y prosiguió sus estudios: se licenció en la Universidad de Columbia y se doctoró en la Universidad de Cornell. Luego decidió acabar los estudios que había emprendido en el Seminario de Teología Fuller y obtuvo una diplomatura en el Seminario de Teología de Princeton.

En 1951 Winter se casó con Roberta Helm, y cinco años después su joven familia partió hacia Guatemala para servir como misioneros presbiterianos, desde 1956 hasta 1966. En este país, con la ayuda de otros, desarrolló y lanzó el programa de Educación Teológica por Extensión (ETE) —precursor de los planes modernos de educación de teología a distancia y de los modelos pluri-académicos que hoy observan escuelas y seminarios—. La idea ETE inspiró un movimiento, y al cabo de poco surgieron réplicas similares en todo el mundo.

Después de pronunciar el que sería un mensaje definitorio en el Congreso de Lausana de 1974, Winter y su esposa Roberta sintieron que el

Señor les guiaba a un lugar donde pudieran abordar barreras culturales y lingüísticas que obstruyen la predicación del evangelio a todos los pueblos. En noviembre de 1976 fundaron el Centro Estadounidense para la Misión al Mundo en un campus universitario de 14 hectáreas ubicado en Pasadena, California, sin personal, con una secretaria y 100 dólares en efectivo. Su historia de fe la relató Roberta en su libro *I Will Do A New Thing*, titulado originalmente *Once More Around Jericho*. A lo largo de su vida, Winter fundó diversas organizaciones y periódicos, como la Biblioteca William Carey (1969), la Universidad Internacional William Carey (1977), la revista *Mission Frontiers* y la Sociedad Internacional para la Misionología Fronteriza (1986).[11]

> Winter resumió el reto que afrontaba la fuerza misionera en el siglo XX y cómo ese reto condujo a la idea de apuntar al blanco de los pueblos inalcanzados:
>
> Al aterrizar en un aeropuerto, de pronto aparecieron bloques y edificios rectilíneos. Detalles que no eran antes visibles se volvieron claros como una campana. Esto es lo que sucedió cuando los protestantes decidieron finalmente enviar a sus propios misioneros a un mundo extraño y misterioso. El mandato bíblico era sencillo: «Enseñen a las naciones».
>
> Pero tan pronto como los misioneros «aterrizaban» descubrían que *ganar almas* era inesperadamente dificultoso. Mucha «gente» vivía sujeta a las fuertes garras de su «pueblo»: una estructura social, una cultura, una familia extendida. Los misioneros descubrieron que las personas no podían rescatarse fácilmente para que fueran «salvas» una por una… Más pronto o más tarde, los misioneros descubrieron que los movimientos de iglesia de mayor calidad eran los que no intentaban romper o reemplazar el tejido social de la «nación» a la que eran enviados.
>
> Así surgió el concepto de «pueblos» (en los que vive la gente). Donald McGavran, misionero de tercera generación a la India, preconizó una idea nueva: que los misioneros no debían considerar su tarea terminada, ni asumir que han ofrecido a un individuo una oportunidad verdadera de aceptar a Cristo *a menos que la persona llegue a ser parte de lo que él calificó un «movimiento de pueblo»*. [cursiva de Winter]
>
> Esta idea radical exigía a los misioneros algo más que evangelizar. Tenían que fundar iglesias. Otra conclusión lógica es que a menos que se eche a andar «un movimiento de pueblo hacia Cristo», el logro misionero

> básico aún no se habrá conseguido. Esto significa que no basta con que haya algunos cristianos, algunos misioneros e incluso una traducción de la Biblia, si aún no hay un movimiento social indígena sustancial al que puedan pertenecer los nuevos creyentes. Esto define precisamente qué es y qué no es un «pueblo inalcanzado». Un grupo étnico sólo se puede evangelizar si se consigue crear «un movimiento de iglesia viable, indígena, evangelizador, esto es, un movimiento de pueblo».[12]

De este modo, los misionólogos del siglo XX comenzaron a organizar la tarea restante de la misión cristiana por pueblos inalcanzados. Donald McGavran descubrió la necesidad, Cameron Townsend organizó un ministerio especializado para afrontarla, y Ralph Winter acuñó la expresión y explicó el concepto que lanzaría la tercera ola de la misión moderna. Millones de personas, miles de iglesias y centenares de organizaciones se levantarían para cubrir esa necesidad en años venideros.

El siglo de la especialización

La tercera ola de la misión moderna se hinchó considerablemente a lo largo del siglo XX. Dos guerras mundiales no detuvieron su empuje, y las maravillas tecnológicas contribuyeron ciertamente a su hinchazón. Parece que a medida que los inventos modernos condujeron a una creciente especialización de la mano de obra y la producción, Dios animó a este último grupo de pioneros a diversificar enormemente su perspectiva para compartir el evangelio con la gente. Los pueblos eran distintos, las culturas singulares, los tiempos estaban cambiando.

La diversificación fue pareja a la diversificación económica generada por las revoluciones industrial y de la información. Un elemento importante que acarreó el cambio de paradigma misionero del esfuerzo individual a las *redes de colaboración* fue el surgimiento de una variedad de organizaciones especializadas, al estilo empresarial de la sociedad occidental, que se aplicaron a la evangelización, el discipulado y la fundación de iglesias.

La amplitud de esta especialización de ministerios en los últimos cien años es difícil de representar. Mencionaré un ejemplo de la increíble diversidad que el Espíritu Santo añadió a la evangelización del mundo durante la marea ascendente de la tercera ola:

- Campañas de evangelización tipificadas por Billy Graham, Luis Palau y Greg Laurie.
- Ministerio universitario a través de organizaciones como Cruzada Estudiantil para Cristo, la organización misionera más grande del mundo, con más de veinticinco mil misioneros.
- Jóvenes misioneros tipificados por Operación Movilización, Teen Missions y Juventud con una Misión.
- Campañas de sanidad con figuras preclaras como Oral Roberts, T. L. Osborn y Reinhard Bonnke.
- Campaña global a los políticos preconizada por Abraham Vereide en la década de 1930, y después por Doug Coe y la Fellowship Foundation.
- Ministerio a los empresarios, como el de la Fraternidad Internacional de Hombres de Negocio del Evangelio Completo. Campañas dirigidas a la mujer a través de grupos como Women's Aglow.
- Radio y televisión cristianas, como las CBN, TBN, GOD TV y ENLACE.
- La FEBC y la TWR siguen siendo clave en países restringidos.
- Páginas web y salas de chat que trascienden fronteras nacionales cerradas.
- Campañas dirigidas a deportistas a través de la Fraternidad de Atletas Cristianos (FAC).
- Uso de barcos para el ministerio a través de Operación Movilización y Naves de Esperanza.
- Ayuda humanitaria cristiana a través de organizaciones no gubernamentales (ONGes) como Visión Mundial Internacional.
- Movimientos de fundación de iglesias que causan la multiplicación de iglesias indígenas que a su vez plantan iglesias, barriendo un segmento de la población. La mayoría de estos movimientos son dirigidos por líderes laicos.

La explosión de ministerios especializados cristianos en los últimos cien años es verdaderamente asombrosa y única en la historia. Esta rica diversidad de énfasis y de métodos ha permitido que miles de millones de personas entren en contacto con las buenas nuevas de Jesucristo. A medida que las multitudes acuden a Cristo para recibir salvación, la marea de reclutas misioneros se extiende e incluye gentes de todas las razas.

Esta es una de las revoluciones más silenciosas de nuestro tiempo. Será un distintivo que culmine la venida de la cuarta ola.

Misioneros a la mayor parte del mundo

He aquí lo que sucedió aunque pocos se dieran cuenta de ello: *La segunda mitad del siglo XX constató que la fuerza de la iglesia global se trasladaba al hemisferio sur,* a medida que los misioneros a la mayor parte del mundo comenzaban a ocupar su lugar en los anales de la misión cristiana como fuerza que promete.

Luis Bush, quien en 1989 acuñara la expresión «Ventana 10/40»,[13] y sirviera como líder del movimiento AD2000, describe el fenómeno de la evangelización a la mayor parte (dos tercios) del mundo de esta manera: «¿Misioneros procedentes de las dos terceras partes del mundo? Hace sólo algunos años la idea hubiera parecido inconcebible. ¡Pero ya no! El rápido crecimiento actual de la fuerza misionera de las dos terceras partes del mundo es uno de los factores más notables en la evangelización mundial... Este recurso vital encierra el potencial de penetrar todo el mundo con el Evangelio. Las consecuencias pueden ser incalculables».[14]

Aunque hubo numerosos misioneros a la mayor parte del mundo en la tercera ola de la misión moderna, en el siglo XX, mencionaré brevemente a cinco personas —dos coreanos, un indio, un chino y un nigeriano— que simbolizan el rostro cambiante de las misiones.

David Yonggi Cho

David Yonggi Cho fue un joven pastor de las Asambleas de Dios que llegó a Seúl, capital de Corea, en 1956. Fundó una pequeña iglesia que congregó cincuenta creyentes el primer año. Convocando vigilias nocturnas de oración y retirándose a varios lugares (montes de oración) para suplicar a Dios por el avivamiento y la evangelización del mundo, la iglesia de Cho alcanzó 400 miembros en 1959.

Concentrándose en la oración, la fe sanadora y el ministerio en grupos o células, la Iglesia del Evangelio Completo de Yoido aumentó hasta alcanzar diez mil personas en cada servicio religioso (casi 250.000 miembros); después llegó a 400.000 en 1984, 700.000 en 1992 y 850.000 en 2010.[15] En la década de 1990 Cho resolvió que en vez de seguir creciendo, la iglesia debía establecer satélites en otras partes de la ciudad y del mundo. Desde el año 2000, Yoido ha enviado más de mil misioneros y establecido iglesias en varios países.

La Iglesia Yoido del Evangelio Completo de Seúl es la mayor congregación cristiana del mundo. Hace ciento cincuenta años no había iglesias cristianas en Corea, ni por supuesto, misioneros coreanos.

Samuel Kang

Samuel Kang y su esposa Sara salieron de Corea con dirección a Nigeria en 1980, cuando sólo había noventa y tres misioneros coreanos en todo el mundo. En los once años siguientes, Samuel y Sara criaron a sus hijos, fundaron iglesias nigerianas y un seminario bíblico para pastores nigerianos. Kang regresó a Corea en 1991 y dirige actualmente un ambicioso plan de veinticinco años para ayudar a Corea del Sur a enviar más misioneros que cualquier otro país. Fundó una agencia misionera, fue decano de la Universidad de Chongshin y director de la Asociación Coreana de Misiones al Mundo. Kang y la asociación proyectan enviar cien mil misioneros coreanos plenamente dedicados para 2030. Esperan movilizar al 50 por ciento de las iglesias coreanas para que se comprometan con la misión, reclutar un misionero de cada trescientos creyentes coreanos, adoptar doscientos grupos étnicos cada cinco años y enviar un millón de misioneros hacedores de tiendas (obreros bi-vocacionales) a países de difícil acceso para el año 2020.[16]

Roberto Moll detalla el extraordinario incremento de la misión coreana señalando que Corea del Sur envía más misioneros que cualquier otro país, excepto EEUU; en 1991 envió 1.200 misioneros, aun cuando ¡once años antes sólo enviaran ocho! Actualmente esa cifra asciende a 13.000.[17]

K. P. Yohannan

K. P. Yohannan se crio en una aldea del sur de la India. Después de ocho años de servicio misionero en el subcontinente indio, cursó estudios de teología en EEUU y pastoreó una iglesia. No obstante, fue incapaz de olvidar a los incalculables millones que no han oído del amor de Cristo en la Ventana 10/40.[18] En 1979 dejó de pastorear y se centró en las misiones. Desde aquel modesto principio, *Evangelio para Asia* se ha convertido en un eficaz movimiento misionero que aglutina miles de obreros —en su mayoría indios— en once países asiáticos. K. P. Yohannan dedica una parte sustancial de su tiempo a viajar a muchos países y abogar en favor de los afligidos y necesitados de este mundo. Él llama al cuerpo de Cristo a ser auténticos seguidores de Jesús y a conmover a su generación para el Señor. Ha publicado doscientos libros en Asia y siete en Occidente. Como nueva casta de misionero evangelista indio, Yohannan cree que,

> en todo el mundo actual, el Espíritu Santo se está derramando sobre los países asiáticos y africanos, levantando un ejército de misioneros. Miles de hombres y mujeres dedicados están llevando el mensaje de salvación a su propia gente —millones de almas en países cerrados que probablemente nunca conocerían el amor de Dios por otros medios—. Estos pioneros humildes y desconocidos del evangelio están llevando el estandarte de la cruz donde la misión de la era colonial lo abandonara. Ellos constituyen la próxima ola de la historia de la misión —el movimiento misionero nativo.

Yohannan se vuelca en su India nativa, la segunda nación más populosa de la tierra. Otro movimiento nativo ya ha echado a andar en China, el país más poblado de la tierra.

Liu Zhenying (hermano Yun)

Liu Zhenying, conocido en buena parte del mundo como el «hermano Yun», es un ejemplo de la creciente influencia y evangelización de la iglesia china. Aunque estuvo cerrada al resto del mundo buena parte de los últimos seis siglos, China cuenta actualmente con una de las iglesias más grandes y uno de los movimientos de mayor crecimiento registrados en la historia. Está dirigido mayoritariamente por un grupo valiente de pastores perseguidos y líderes de iglesias clandestinas en casas.

El hermano Yun se convirtió a Cristo a los dieciséis años cuando su padre fue milagrosamente sanado de cáncer.[20] Después de pedir a Dios que le proporcionara una Biblia, Yun cayó de rodillas, y se entregó a «devorar su contenido como un niño hambriento» y compartirla por su provincia. Bajo constante amenaza de arresto, comenzó a viajar por pueblos y aldeas del sur de China, compartiendo las buenas nuevas y siendo testigo de miles de conversiones a Cristo. El hermano Yun fue detenido (tres veces) y pasó muchos años en rigurosos campos de trabajos forzados y prisiones del país. En uno de sus encarcelamientos, en 1984, ayunó milagrosamente y no comió ni bebió setenta y cuatro días, llegando a pesar sólo 30 kilos. La milagrosa sanidad de Yun condujo a muchas conversiones.[21] Por ese mismo periodo, muchos líderes valientes de iglesias en casas fueron cazados y encarcelados, entre ellos el hermano Zhen y el hermano Xu. Ellos formaban parte de una vasta red de líderes de iglesias en casas responsables de la conversión de millones de personas a Cristo durante las décadas de avivamiento de los años ochenta y noventa.

El hermano Yun viaja actualmente por todo el mundo como abogado de las iglesias en casas y el avivamiento en China. Uno de sus temas preferidos es el movimiento Retorno a Jerusalén, un compromiso de la iglesia china de llevar el evangelio a través de Asia Central hasta la ciudad donde todo comenzó. La visión prendió en 1921, en la provincia de Shandong con un cristiano llamado Jing Dianying, que animaba a los creyentes a entregarse a cinco cosas que pudieran hacer personalmente para completar la Gran Comisión: sacrificio, abandono, pobreza, sufrimiento e incluso muerte.[22] En la década de los cuarenta había veinte mil creyentes alistados para cumplir este empeño en toda China. El compromiso se sitúa hoy en más de cien mil pendientes de salir al campo de misión. El hermano Yun afirma que la iglesia china está dispuesta a pagar el precio.[23]

Adelaja Sunday

Adelaja Sunday, nativo de Nigeria, es un ejemplo africano de la fuerza misionera expansiva de dos terceras partes del mundo. Sunday fue invitado a estudiar en la Unión Soviética antes de la glasnost (apertura), cuando tenía diecinueve años. Abrazó la fe pocas semanas antes de viajar a la URSS. En 1993 Sunday se instaló como misionero bi-vocacional en Kiev, Ucrania, donde el Señor le encargó fundar una iglesia. Sunday es hoy pastor de la Embajada del Bendito Reino a todas las Naciones, también conocida como Embajada de Dios, la cual, después de diez años de existencia, ha reclutado más de 23.000 miembros. La Embajada de Dios ha fundado más de setenta iglesias en Ucrania y en otros países, como Rusia, Bielorrusia, Moldavia, Georgia, EEUU, India y Emiratos Árabes Unidos. La congregación madre de Kiev es la iglesia más grande de Europa, dirigida por este africano emprendedor.[24]

Que se nos meta bien en la cabeza. Hace ciento cincuenta años, África era el continente oscuro donde abundaban la brujería y la esclavitud, y escaseaban los creyentes. Era exclusivamente un campo de misión. Los misioneros europeos iban a evangelizar África.

Actualmente, un africano es pastor de la iglesia más grande de Europa.

Cada uno de los «doce discípulos» de Adelaja Sunday es responsable de una multitud que oscila entre 1.000 y 2.500 miembros, los cuales se reúnen en células. Sunday alquila un palacio de deportes donde celebra varios servicios religiosos cada fin de semana. Él se propone enviar a sus doce colaboradores más cercanos a fundar iglesias hermanas por todo el mundo. Adelaja Sunday pertenece a una nueva raza de pastor/misionero/evangelista africano que está llevando el evangelio desde África al continente que le acogió y a otros muchos países.

Estos cinco casos son típicos de la nueva raza de pioneros que están llegando a ser el rostro actual y futuro de la misión.

Cosecha increíble

El siglo XX ha visto una sorprendente marejada de expansión de la misión global en dos terceras partes de los países en vías de desarrollo, especialmente en el hemisferio sur:

- El continente africano tenía un 4 por ciento de cristianos en 1900. En el año 2000, el 50 por ciento de los que habitan al sur del desierto de Sahara profesaban la fe en Cristo —más de 300 millones de personas.[25]

- En América Latina había 50.000 protestantes (gente que aseguraba haber nacido de nuevo) en 1900. En el año 2000 había 100 millones, de los cuales, la mayoría eran pentecostales.[26]
- Corea alardea de tener las siete iglesias más grandes del mundo, tiene un 30 por ciento de cristianos y es el segundo país emisor de misioneros al mundo: 13.000 sirven en otras tierras.[27]
- China pasó de tener un millón de creyentes en Cristo en 1900 a una estimación que oscila entre 40 y 100 millones en el año 2000.[28] David Aikman, ex corresponsal jefe de la revista Time en Pekín, cree que esa cifra podría ascender a los 150 millones.[29]

Luis Bush comenta acertadamente: «La propagación del cristianismo por el mundo no occidental es uno de los acontecimientos más exitosos de la historia... Esa extensión masiva ha sido fe en acción. Ninguna otra causa en la historia ha fomentado un esfuerzo humanitario de buena voluntad tan trascendental como el cristianismo».[30]

El siglo de la aceleración

Hemos nacido en un tiempo maravilloso de la historia de la misión. La tercera ola ha saltado a los continentes del mundo bañando a cientos de millones de personas con las bendiciones del evangelio. Buena parte de ese crecimiento se debe al avivamiento pentecostal que comenzó en 1906 y acarreó una «dimensión de poder» a la misión, añadiendo 640 millones de personas a las filas de la iglesia. Grant Wacker atribuye al movimiento pentecostal el lanzamiento de trescientas denominaciones y empresas misioneras solo en los EEUU[31]

Luis Lugo, director de Pew Forum, describe el impacto del avivamiento pentecostal y su avance misionero en Latinoamérica:

> Es una combinación de inmigración —muchos latinos ya son pentecostales— y conversiones en la Iglesia Católica hacia el pentecostalismo... Es realmente evangelización sobre esteroides. Este bien puede ser el movimiento religioso más dinámico en el mundo actual en términos de crecimiento y amplitud.[32]

No obstante, la mayor ola de misiones que se está gestando abarca a centenares de fundadores de iglesias, fundamentalmente pentecostales latinoamericanos, asiáticos y africanos, que están fundando iglesias y centrando sus oraciones y esfuerzos en los pueblos inalcanzados. El campo de misión se está convirtiendo en fuerza misionera. Scott Moreau, del Wheaton College asegura:

> «El día del predominio del misionero occidental ya pasó, no porque se hayan extinguido los misioneros occidentales, sino porque el resto del mundo ha abrazado la visión, se ha comprometido y fortalecido. Es probable que el misionero actual sea un negro africano en Europa, o un indio del norte de la India en el sur del país, o un coreano en China. Además, los líderes misionales están haciendo nuevo hincapié en Asia, donde vive el 60 por ciento de la población global. Lo mismo se puede decir de África y Oriente Medio».[33]

La tercera ola de la misión moderna ha dado a luz a una colección espectacular de especialidades ministeriales y de gentes de muchas nacionalidades que están evangelizando a los pueblos para Cristo. En consecuencia, en la alborada del siglo XXI, se fundaban 3.500 iglesias y se salvaban 70.000 personas cada día —entre ellas, 28.000 en China y 20.000 en África.[34]

¿Cómo ha podido suceder esto? Pasemos examinar los factores clave que han formado la tercera ola. Comparten un rasgo común: el evangelio de Jesucristo se está realmente universalizando.

Capítulo 8

Globalización

Lo mismo que las olas de la marea ascendente se superan unas a otras y avanzan por la playa cada vez más lejos, las olas de las misiones cristianas a lo largo de los siglos se apoyan en el éxito de las olas previas para extender el reino de Dios.

He aquí un repaso de la historia. Después de la muerte y resurrección de Jesús,

- la Iglesia Primitiva proclamó sus buenas nuevas a través del *imperio romano* y más allá de sus fronteras;
- los monjes y los monasterios promovieron el avance de la iglesia en Europa y partes de Asia, en la Edad Media; los hermanos moravos y William Carey ayudaron a desatar la primera ola de la misión moderna hacia las costas del mundo entero en la época de las exploraciones y los viajes marinos;
- David Livingstone y Hudson Taylor guiaron a la audaz generación de la segunda ola de misioneros más allá de los puertos accesibles, hacia el *interior* de África y Asia durante el gran avance del siglo XIX;

- en el siglo XX, el cristianismo pasó a ser la primera fe *global* al evangelizar a los restantes *pueblos inalcanzados*, inmersos en la explosión demográfica mundial en un planeta «empequeñecido» (debido a los avances tecnológicos); y
- la tercera ola asistió a una gran especialización de ministerios y al surgimiento de misioneros enviados a la mayor parte del mundo que ocuparon su lugar en la creciente empresa misionera global.

Después de ganar impulso durante siglos, la misión por fin se ha universalizado. Examinemos los factores clave que han contribuido a esta marejada mundial.

Factor Uno — ¡Avivamiento!

La presencia y el poder de Dios en todo el mundo

Como hemos notado, el despertamiento espiritual siempre precede al avance misionero. El primer derramamiento en el día de Pentecostés fue la dinamita misional de la Iglesia Primitiva. Diecisiete siglos después, la renovación morava reavivó el fuego para comunicar el mensaje de Cristo a todos los que no lo habían oído. Los grandes avivamientos de los siglos XVIII y XIX propulsaron el avance hacia las costas y proveyeron la motivación para alcanzar el interior de muchos países no evangelizados.

Los frutos de la misión de la tercera ola fueron mucho más grandes que los de las dos olas precedentes, en parte porque el siglo XX vio avivamientos más grandes que ninguna otra época. Y vio otro rasgo inusitado: *avivamiento a escala global.*

Un despertamiento propiciado por este gran siglo de misión fue el avivamiento galés que comenzó en 1904 bajo el liderazgo de Evan Roberts.[1] Roberts estudiaba en el instituto bíblico cuando Dios le llamó a dar un severo mensaje acerca del pecado a su grupo juvenil en Gales. El mensaje fue: (1) confesar todo pecado pasado, (2) arrepentirse y hacer restitución, (3) rendirse al Espíritu Santo en obediencia, y (4) confesar públicamente a Cristo.[2] Entonces estalló un avivamiento que se extendió por toda Gales, guio a endurecidos mineros del carbón a Cristo y obligó posteriormente a cerrar algunas prisiones debido a la ausencia de delitos.

El avivamiento galés se caracterizó por gran gozo, cánticos y frecuente ausencia de predicación, mientras la gente caía bajo la influencia del Espíritu Santo.[3] La noticia del avivamiento llegó a muchos países y provocó un derramamiento del Espíritu de Dios en Pyongyang (capital de Corea del Norte).

El historiador J. Edwin Orr comenta la importancia del avivamiento galés:

> «El acontecimiento más divulgado de la época fue el avivamiento galés, que comenzó como avivamiento local a principios de 1904, conmovió a toda Gales a finales del mismo año y levantó a Evan Roberts..., al tiempo que simultáneamente llenaba todas las iglesias del país. El avivamiento galés provocó una gran onda expansiva que influyó a toda la causa evangélica en la India, Corea y China, atizó los avivamientos de Japón y Sudáfrica y envió una ola de despertamiento por toda África, Latinoamérica y mares del sur».[4]

En 1906, el afroamericano William J. Seymour inició reuniones de avivamiento en la calle Azusa Street de Los Ángeles dando cabida a las sanidades, las lenguas y el bautismo del Espíritu Santo. La gente acudía de todo el mundo para visitar ese «derramamiento pentecostal» que acabó dando a luz denominaciones tan importantes como las Asambleas de Dios, la Iglesia de Dios, y la Iglesia de Dios en Cristo. Según el historiador Vinson Synan, la misión pentecostal actual constituye el segmento de evangelización de más rápido crecimiento en el mundo. Synan comenta: «El avivamiento de la calle Azusa se suele considerar el principio del movimiento pentecostal moderno... Además de los ministros que adquirieron experiencia pentecostal directa en la calle Azusa, otros miles fueron influidos indirectamente».[5]

China también experimentó un avivamiento espiritual en 1906 bajo el liderazgo del misionero Jonathan Goforth, quien leyó en 1905 un folleto escrito por el reformista Charles Finney. Titulado «Roture su barbecho», el folleto produjo convicción de pecado en Goforth, lo que le movió a compartir en bases de misión a través de China. Por dondequiera que iba, el Espíritu caía.[6] Esta revitalización y expansión de la iglesia china sentó las bases para el más grande avivamiento numérico del siglo XX

—la explosión de la iglesia china bajo el comunismo desde 1949 hasta el presente—. Como ya hemos señalado, entre cuarenta y cien millones de chinos han entregado sus vidas a Cristo en los últimos sesenta años —lo que significa el mayor avivamiento acaecido en la historia de país—. El avivamiento chino comenzó en las zonas rurales, pero se está extendiendo a las ciudades y a la clase intelectual del país.

Un avivamiento espiritual estalló en África en los años treinta, conocido como el avivamiento del Congo. Su efecto ondulatorio pronto se extendió por otros países del continente. Fue un mover de Dios acompañado de señales y maravillas, y entre otras cosas una manifestación del Espíritu Santo llamada «fijación», según la cual el brazo de las personas quedaba sobrenaturalmente «inmovilizado» en el aire hasta que el pecador se arrepentía. Antes de arrepentirse, el brazo no se podía mover hasta que la persona implicada se arrepentía. Muchas sanidades tuvieron también lugar en ese periodo de derramamiento del Espíritu de Dios en suelo africano.[7]

La nación de Corea también experimentó una conmoción del Espíritu Santo entre 1907 y 1910, que influyó especialmente al norte del país.[8] Después de la guerra de Corea y la división norte y sur, el avivamiento se desplazó a Seúl, donde ha tenido lugar una gran ola de conversiones y crecimiento de la iglesia desde los años cincuenta hasta el presente. Casi un tercio de la población coreana son hoy cristianos nacidos de nuevo, y el avivamiento de Corea ha sido el combustible que ha hecho posible que Corea del Sur sea el segundo país emisor de misioneros del mundo.

En 1949, Dios usó al predicador escocés Duncan Campbell para prender el avivamiento en las islas Hébridas, frente a las costas de Escocia. Campbell fue a las islas guiado por el Espíritu Santo, quien le presentó a dos mujeres que habían orado por años y a quienes anunció su llegada de antemano. Cuando Campbell comenzó a predicar, algunos templos temblaron y la gente sintió convicción de pecado mientras caminaban por las sendas de acceso a las iglesias. El avivamiento de las Hébridas se caracterizó por un gran gozo; muchos jóvenes cantaban en las playas de las islas a cualquier hora del día y de la noche.[9]

En los años sesenta y setenta, el movimiento de Jesús y la renovación carismática florecieron en todo el mundo. Muchos jóvenes hippies acudieron a Cristo en los días de la revolución juvenil occidental. Aunque no fuera un avivamiento verdadero, la renovación carismática fue un tiempo importante de revitalización de muchas personas y denominaciones, ya que muchos individuos fueron llenos del Espíritu Santo y capacitados para compartir su fe.[10]

Otro derramamiento del Espíritu de Dios tuvo lugar en Indonesia en la década de los sesenta por medio de evangelistas como Mel Tari, que presenció muchas sanidades e incluso resurrecciones.[11] Debido al poder del avivamiento, Indonesia, el país con más población musulmana, perdió esta categoría gracias al veinte por ciento de indonesios que hoy se confiesan cristianos. Y la iglesia de este país sigue creciendo.

En resumen, el siglo XX asistió al florecimiento de avivamientos por todo el mundo. De esos avivamientos —especialmente la fuerza centrífuga de las renovaciones pentecostal y carismática— tomó combustible la tercera ola de la misión moderna para llevar adelante la causa de la evangelización del mundo.

Factor dos — Oración

Sostén de la misión en toda nación

Yo creo que la ola ascendente de la misión y evangelización global está directamente relacionada con el incremento exponencial de la oración en los últimos cien años. El pastor presbiteriano A. T. Pierson dijo poco antes de concluir el siglo XX que «nunca ha habido un despertamiento espiritual en ningún país o localidad que no comenzara con oración unida».[12] Por muchas décadas, se ha ido levantando en muchos países un tsunami de oración. Este énfasis en la intercesión se ha puesto de manifiesto en formas diversas:

- Los Conciertos Internacionales de Oración, iniciados por David Bryant en los ochenta, fue una renovación de la idea de Jonathan Edwards en el siglo XVIII; congregó a muchos creyentes y traspasó límites denominacionales para dedicar días y noches a la oración unida.
- Los Intercesores por EEUU, iniciados por John Beckett y Gary Bergel en 1975, enfatizan el ayuno y la oración por este país el

primer viernes de cada mes. Este grupo ha estimulado a muchos a iniciar movimientos de oración similares en sus propios países y el avance de la misión.

- Washington para Jesús (1980), Hombres de valor (1997), y varias grandes concentraciones coreanas de oración han movido a millones de personas a buscar el rostro de Dios para promover la renovación y la evangelización del mundo.
- La apasionada iglesia coreana ha ejemplificado a todo el mundo un gran acento en el ayuno y la oración, vigilias nocturnas de oración y grutas y montes de oración en los últimos sesenta años.[13]
- El pueblo polaco y su pujante movimiento juvenil OASIS se reunió y oró clandestinamente durante décadas. Muchos atribuyen la caída de la Cortina de Hierro, en 1989, a sus fieles oraciones.[14]
- Las Casas de Oración han florecido por todo el mundo, desde Kansas City hasta el monte de los Olivos de Jerusalén.
- La Oración 24/7 es un movimiento juvenil en expansión comprometido a orar radicalmente por los países y los perdidos.[15]
- Nos Vemos en el Mástil (SYATP, por sus siglas en inglés) empezó con un puñado de estudiantes que oraban ante el mástil del colegio en una pequeña localidad de Texas y abarca hoy millones de jóvenes de veintiséis países después de veinte años de vida.[16]
- La Cumbre de Oración de Pastores se está estableciendo en todo el mundo; anima a pastores y líderes a la unidad bíblica y a la intercesión ferviente.[17]
- El Día Global de Oración, iniciado por Graham Powers, es uno de los movimientos más grandes de oración que opera hoy en el mundo. Se originó en Sudáfrica, se extendió a muchos estadios por todo el continente africano y se universalizó en 2004. Millones de creyentes participan anualmente.[18]

A medida que avanza el siglo XXI y sus desafíos, el próximo capítulo de la historia de la misión será escrito con las lágrimas y súplicas de los que oran. George W. Peters cree que la historia de la misión abunda en evidencias de la intervención divina gracias a que alguien oró y Dios actuó.[19]

Factor tres — Unidad

El movimiento de Lausana, AD2000, Call2All, y otros

Uno de los grandes frutos del avivamiento es la unificación de los creyentes en la común causa de propagar las buenas nuevas de Cristo. La tercera ola de la misión moderna ha visto caer muchos muros de separación entre grupos y denominaciones cristianos que espolearon la expansión del evangelio por todo el mundo.

El poder unificador del Espíritu Santo adoptó distintas formas, como conferencias misioneras globales y locales a partir de la Conferencia Misionera Mundial de Edimburgo, celebrada en 1910. La última conferencia *del movimiento de Lausana,* celebrada en Ciudad del Cabo, Sudáfrica, en octubre de 2010, congregó a 4.500 delegados, de los cuales, el 70 por ciento procedía de la mayor parte del mundo.[20]

Eventos cristianos como las *Marchas por Jesús* han sido también usados para unir a los creyentes en el intento de alcanzar a sus propias culturas y compartir el amor de Jesús. Inspiradas por Graham Kendrick y Lynn Green a mediados de los ochenta, las Marchas por Jesús han reunido a millones de cristianos que salieron a las calles a orar por sus pueblos, ciudades y países, y ofrecer alabanza y adoración al Dios viviente.

Un paso más hacia la unidad en los últimos treinta años ha sido el desarrollo de varios movimientos de misiones unidas con objeto de movilizar a la iglesia para completar la tarea. Luis Bush fue el visionario del movimiento AD2000 que organizó una serie de reuniones globales en los años noventa. Su objetivo era «una iglesia para todo grupo étnico y el Evangelio para toda persona».[21] Bush declara que «más de 2.000 proyectos han surgido de forma independiente, en un país tras otro y en todo el mundo, y son indicadores de lo que debemos hacer en los próximos años».[22]

La última acometida unida para evangelizar el mundo mediante la asociación y la colaboración es *Call2All* (Llamado a Todos). El movimiento surgió de una visión del finado Bill Bright, de Cruzada Estudiantil para Cristo, quien deseaba alcanzar mil millones de personas para Cristo y fundar cinco millones de iglesias. El 19 de agosto de 2004, una conferencia especial reunió a muchos líderes cristianos de todo el mundo para cumplir la visión. El 7 y 8 de diciembre de 2004, sesenta y cinco líderes de distintas partes del mundo se reunieron en Orlando, Florida, para adoptar un plan para fundar cinco millones de iglesias y ganar mil millones de almas para Cristo. *Call2All* sigue celebrando eventos y talleres destinados a los últimos 639 grupos étnicos inalcanzados y olvidados que hay en el mundo, que representan 554 millones de personas. El movimiento sigue creciendo.[23]

La oración que hizo Jesús en Juan 17 sigue ganando terreno. La evidencia sugiere que la unidad de los creyentes será aún más universal a medida que avanza el siglo XXI.

Factor Cuatro — La providencia de Dios

Migraciones, cambio político, juventud y Retorno a Jerusalén

Varias evoluciones globales influyeron en gran manera en la ola evangelizadora y misional ascendente surgida en el siglo XX. Las revoluciones industrial y de la información aumentaron las clases medias en muchos países, lo que atrajo a la gente en busca de oportunidades a las ciudades, donde entraron en contacto con el evangelio. Grandes migraciones de pueblos, como de africanos a Europa, latinos a los EE.UU. y asiáticos a todo el mundo, pusieron gentes antes no evangelizadas en contacto con el cristianismo. La caída de la Cortina de Hierro en 1989 también expuso una gran porción geográfica del mundo al ministerio y la misión cristiana.

La juventud en la misión

Otro cambio significativo en la tercera ola fue la afluencia de jóvenes (y también niños) a la empresa de la misión global. Desde los tiempos de la Iglesia Primitiva hasta las olas de la misión moderna, sólo estudiantes y otros adultos podían recibir el llamado misionero. A decir verdad, durante la primera y la segunda ola de misiones, las familias misioneras solían dejar a sus hijos en el lugar de origen, o en internados, debido a que la vida en el campo de misión era demasiado peligrosa y estaba sumamente expuesta a la enfermedad.

Esto no ocurre en la actualidad. Los niños y los adolescentes se enrolan hoy fundamentalmente en viajes misioneros de temporada, en proyectos de misión a lo largo del año y en el ayuno y la oración por los pueblos inalcanzados. Una de las grandes divisiones de JUCUM —King's Kids (Niños del Rey) International, que inició su trabajo en 1976— ha enviado miles de niños y jóvenes en misiones de temporada a más de cien países.[24] Muchas iglesias y organizaciones misioneras han seguido por ese camino.

Los avances y las especialidades logrados en el siglo XX originaron un espacio nuevo y singular para que los jóvenes se incorporaran a la fuerza misionera global. Comenzó con jóvenes en edad universitaria del Movimiento Voluntario Estudiantil y se extendió hasta incluir jóvenes de todas las edades. El aumento de la misión juvenil en todo el mundo prosigue en el siglo XXI.

Misioneros a la mayor parte del mundo

Pero el mayor cambio en la tercera ola son los misioneros procedentes de la mayor parte del mundo —África, Oriente Medio y el resto de Asia—, en ascenso hasta alcanzar un lugar de prominencia en la evangelización del mundo. Fue como si se hubiera pasado una antorcha del oeste al sur y al este; esta realidad ha de multiplicar profundamente el avance de las buenas nuevas.

Christianity Today publicó un artículo notable en su número de marzo de 2006 titulado «Misiones imposibles». Tras hacer un análisis de la misión coreana, Rob Moll aclaró que la misión del Tercer Mundo se abrió camino en el último siglo. En 1973 había al menos 3.411 misioneros transculturales, no occidentales, en el mundo. Esa cifra se ha multiplicado hasta 103.000, aunque es difícil de determinar. En su totalidad casi equivale al personal misionero protestante de EEUU y Canadá, que suma 112.000.[25]

Sí, una explosión de misioneros provenientes de la mayor parte del mundo se está produciendo en todo el planeta. Pero lo mejor está aún por llegar. Si el movimiento chino Retorno a Jerusalén se abre camino, pueden añadirse otros diez millones de creyentes chinos a las filas de la misión en este siglo.[26] El movimiento del evangelio hacia occidente, tal como fue impulsado por su Autor, el Señor mismo, está a punto de traspasar las últimas fronteras de Asia Central y Occidental y de abrirse camino hacia donde comenzó hace dos mil años.

Han tenido que transcurrir dos mil años para que pueblos de toda nación, edad y condición asuman su lugar en la misión global. Jesús dijo a sus discípulos que fueran a todo el mundo (Marcos 16:15). Parece que esa *totalidad* se alcanzará finalmente en el siglo XXI.

Factor cinco — Tecnología

Radio, aviones, vacunas, televisión, urbanización, globalización y era digital

Ya hemos mencionado los vastos movimientos de pueblos que han contribuido a la evangelización del mundo en las últimas décadas. Michael Pocock comenta:

> Históricamente, la propagación de la religión a través de las migraciones se aprecia observando la expansión del cristianismo en los cinco primeros siglos. En el año 2000 todos los cristianos constituían un tercio de los seis mil millones de habitantes del mundo. En las últimas décadas del siglo XX el movimiento cristiano mundial creció a razón de 16,4 millones por año. Al mismo tiempo, tuvo lugar un cambio sorprendente del centro de gravedad hacia el mundo no occidental... El péndulo ha oscilado de una mayoría de cristianos que vivían en Occidente a una mayoría que viven fuera de esta región.[27]

Parece que esa mayoría está preparada para asumir la causa de la evangelización del mundo. Ellos están heredando un mundo tecnológicamente sofisticado que crea tremendas posibilidades de evangelización.

Ya hemos visto cómo la Iglesia Primitiva aprovechó la vasta red de carreteras de Roma y el uso generalizado del griego para impulsar el reino de Dios por varios siglos. En los siglos XVIII y XIX, los barcos transportaron a los misioneros a las costas del mundo mientras que la difusión de la imprenta y el conocimiento permitió una más amplia distribución de la Biblia y otros libros piadosos. La revolución industrial aportó nuevas máquinas y un mayor nivel de vida que también contribuyeron al progreso de la misión cristiana.

El siglo XX fue testigo de una explosión de riqueza, tecnología y migración de pueblos que acarrearon una cosecha global sin parangón. Examinemos las herramientas y las tendencias que contribuyeron a provocar la gran aceleración misional que hemos visto en la tercera ola.

En primer lugar, el progreso realizado en los medios de *transporte* —aviones, automóviles, helicópteros, aviación misionera y uso generalizado del ferrocarril y las naves oceánicas— han posibilitado el acceso a países en cuestión de horas o días, no semanas y años. Los viajes por avión permitieron el surgimiento de las misiones de temporada —estimadas en 540 personas en 1965 y cuatro millones en 2004—.[28] Los viajes misioneros de corta temporada han desplazado a millones de jóvenes a casi todos los países de la tierra, y hecho posible que una buena porción de ellos volviera más adelante como misioneros plenamente dedicados.[29]

Los meses o años que solía tardarse en recorrer las carreteras romanas, o en navegar en barcos de vela, o más tarde en vapores, sólo lleva actualmente unas cuantas horas en avión. Mientras que David Livingstone viajó casi 47.000 kilómetros en toda su vida,[30] muchos misioneros consiguen cubrir esa distancia en un solo año —y ¡algunos en un mes!

Por mil novecientos años casi no se pudo hacer viajes misioneros seguros a los lugares más remotos. Pero hoy, casi cualquiera, de cualquier edad, puede «ir por todas partes y predicar las Buenas Nuevas a todo el mundo» (Marcos 16:15).

En segundo lugar, el desarrollo de la *medicina moderna* y las vacunas han reducido enormemente el riesgo de contraer enfermedades cuando se viaja a otras culturas y países. Se pueden tomar medicamentos para combatir la malaria; se puede obtener agua potable mediante tabletas o purificadores; los antibióticos pueden sanar muchas enfermedades que hace tiempo arrastraban a una muerte segura; y las vacunas han detenido las plagas de polio, tuberculosis, tifoidea, viruela —incluso sarampión, paperas y tosferina—. Muchas enfermedades antes temibles casi han sido erradicadas.[31] La medicina moderna permite a los misioneros mantener a sus hijos con ellos en el campo y que madres y padres antes angustiados autoricen a sus hijos a hacer viajes de temporada.

En tercer lugar, el rápido desarrollo de las *comunicaciones* —radio, televisión, teléfonos móviles e internet —han propiciado la oportunidad de evangelizar a miles de millones de personas con las buenas nuevas de Cristo. Una mayor creatividad en la era digital significa que una impresionante cantidad de información está a disposición de cualquiera que pueda acceder a la red tocando una tecla —y esto ha ayudado a la comunidad misionera a elevar sus normas de conducta y su compromiso estratégico.

La Era de la Información, con el uso del cable, la fibra óptica, la computadora y los microchips, ha logrado que una buena parte del mundo sea una aldea global. La película «JESÚS» ha sido admirada por más de mil millones de personas. Los jóvenes pueden chatear sobre Cristo vía internet o mandar mensajes a sus amigos a miles de kilómetros de distancia. Con los programas de tecnología software, las lenguas humanas pueden ser traducidas en meses, no años. Vivimos el primer periodo de la historia en el que cada persona que habita sobre la tierra puede ser alcanzada para Cristo a través de alguna forma de comunicación.

En cuarto lugar, la *urbanización* del mundo ha acercado millones de personas a las ciudades, donde es más fácil ganarlas para Cristo. El país de Mongolia es un ejemplo de ello. Mongolia fue durante siglos una región de grupos tribales y nómadas, muy difíciles de unir y de gobernar. Cuando los comunistas llegaron al poder en la década de los años veinte, «fundaron» cinco ciudades en el país. Hoy casi la mitad de la población de Mongolia vive en Ulán Bator, la capital, y otra tercera parte en las ciudades más grandes. Aunque en 1980 no se conocía ningún cristiano indígena en Mongolia, hoy hay más de cincuenta mil creyentes y más de cuatrocientas iglesias. Los líderes espirituales del país creen que ello se puede atribuir en parte a la evangelización de las ciudades.[33]

A pesar de muchos problemas relacionados con la urbanización global, uno de sus beneficios es la posibilidad de compartir las buenas nuevas de Cristo con millones de personas.[34] Tal vez sea esta la razón por la que el libro de Apocalipsis dibuja el reino futuro en forma de ciudad celestial —la Nueva Jerusalén.

Finalmente, la realidad de la *globalización* ha creado una cultura mundial en la que pueblos y naciones están interconectados económica, social, política y tecnológicamente. Aunque grandes peligros (como un gobierno mundial tiránico) pueden ir asociados a esta tendencia, también es cierto que la globalización está produciendo una comunidad entre los pueblos de la tierra que hace que estén increíblemente abiertos a las proclamas de Cristo y su futuro reino.

Todos estos factores —lluvias de avivamiento, olas crecientes de oración, una ola ascendente de unidad bíblica, la providencia de Dios para levantar misioneros de la mayor parte del mundo y las tecnologías avanzadas— han producido resultados increíbles en la misión global, en la tercera ola de la misión moderna, que podemos calificar de *cambio asombroso*.

Capítulo 9

Cambio asombroso

HAY UNA PALABRA CARGADA DE EMOCIÓN, y a veces temida, que caracteriza la tercera ola de la misión moderna y el futuro predecible:

Cambio.

Muchos hemos experimentado como dolores de parto en cambios personales, en nuestras familias, vocaciones, o en la caprichosa formación de fuerzas sociales y tecnológicas con que nos topamos cada día. En nuestro mundo moderno, si uno no cambia, queda relegado a la insignificancia.

Una importante razón que explica muchos de estos cambios es la rápida globalización del planeta. La tecnología nos ha vinculado como nunca antes, para bien o para mal. Desde el punto de vista de los propósitos soberanos de Dios, los cambios globales han servido para bien, para multiplicar su amor.

Aplicado a la misión, podemos calificarlo de *¡cambio asombroso!*

En los dos últimos capítulos hemos examinado las personas y los factores comprendidos en la tercera ola. Profundicemos ahora y analicemos algunos de los cambios increíbles que han ocurrido en la misión a lo largo de la tercera ola. Para apreciar su magnitud, debemos echar un vistazo a algunos gráficos y estadísticas. Tómese tiempo para ponderarlos. Ellos cuentan la historia de miles de millones de personas que oyen y responden a las buenas nuevas de Jesucristo.

El movimiento misionero se torna global

Para empezar, recordemos los varios movimientos misioneros que nacieron de avivamientos, oración y unidad cristiana en los dos últimos milenios. Algunos de ellos se enumeran en el gráfico 1. ¿Puede imaginar su impacto geográfico sobre la evangelización del mundo?

Gráfico 1 Principales movimientos misioneros desde A.D. 100 a A.D. 2000

1. Iglesia primitiva	30-100	Del Mediterráneo a la India
2. Iglesia celta	500-900	Europa occidental y central
3. Iglesia nestoriana	450-1120	Asia
4. Iglesia ortodoxa	88-1100	Europa oriental/Rusia
5. Iglesia católica	1100-1400	Norte de Europa
6. Iglesia católica	1500-2000	Las Américas, Asia
7. Ortodoxa rusa	1520-1680	Siberia, Alaska
8. Moravos	1730-1860	Las Américas, África
9. Protestantes/evangélicos	1792-2000	Global
10. Evangélicos globales		Global

Fuente: Patrick Johnston, *The Church is Bigger Than You Think* (Pasadena: William Carey Library, 1998), 70.

Note que la evangelización comenzó en la región Mediterránea, y a partir de ahí inició su expansión. Piense en esos diez movimientos principales mientras las olas siguieron propagando el mensaje del perdón de Dios cada vez más lejos. También crecieron en diversidad a medida que más pueblos y naciones se incorporaban a la empresa misionera.

Tome nota especial de los números 9 y 10. La fuerza misionera actual —por primera vez en la historia— es verdaderamente global.

Los evangélicos ocupan el centro del escenario

Otro aspecto interesante de la empresa misionera global del pasado siglo XX y actual siglo XXI es que está principalmente compuesta por cristianos *evangélicos* que creen en la autoridad de la Biblia y comparten personalmente el evangelio. Este es un cambio crucial de dirección. Aunque el cristianismo avanza en otros aspectos, la vanguardia está copada por los evangélicos que gustan de antemano la cuarta ola que está emergiendo, como muestra la Figura 2. Refleja la proporción de la población mundial en relación con el número de evangélicos (360:1 en el A.D. 100, 270:1 en el A.D. 1000, y 9,3:1 en el año 2000).

Gráfico 2 Crecimiento de los evangélicos

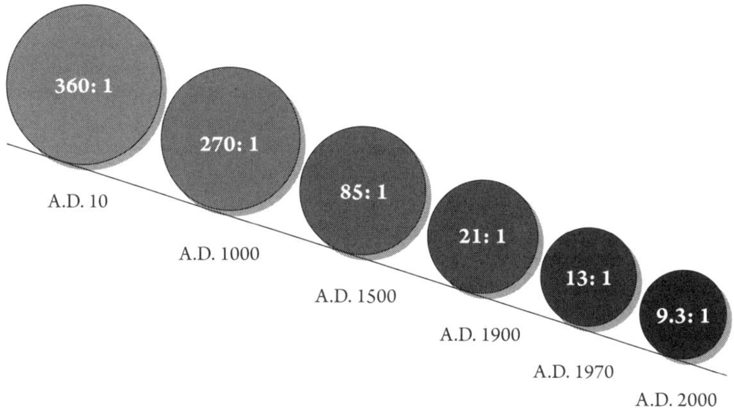

Fuente: Rick Wood, «*Christianity: Waning or Growing?*» *Mission Frontiers,* enero/febrero 2003, 12.

Tuvieron que transcurrir dieciocho siglos para que los evangélicos pasaran del 0,0% de la población mundial al 4,5%, en 1900, y en solo 70 años del 4,5% al 7,1%, en 1970, y en solo 30 años del 7,1% al 9,7%, en el año 2000. Esto significa que actualmente, por primera vez en la historia, hay un evangélico por cada nueve que no lo son en todo el mundo.

Ralph Winter comenta: «A pesar del rápido crecimiento de la población mundial, el número de cristianos fieles que creen en la Biblia está aumentando más deprisa que en cualquier otra religión. Se está doblando cada diez años y medio».[1]

Ciento cuarenta y un países evangelizados

Alabemos a Dios por la inversión increíble que han experimentado los países. Cuando William Carey, primer «estadístico misionero», publicó su tratado de *Investigación* en 1792, facilitó una lista de más de cien países virtualmente no evangelizados.[2] Comparativamente, en el año 2010, el investigador de misiones contemporáneas Todd Johnson menciona 141 países «cristianos», cincuenta y nueve evangelizados en más de la mitad y sólo treinta y ocho evangelizados en menos de la mitad.[3]

Hemos progresado de cien países no evangelizados en 1792 a sólo treinta y ocho en el año 2010. ¡Este cambio asombroso se ha producido en menos de 250 años!

Objetivo: Los restantes pueblos inalcanzados

También ha habido un cambio significativo en la evangelización de los pueblos inalcanzados, en los 195-267 países o entidades que hay en el mundo (varios grupos categorizan naciones y territorios de distinta manera). Patrick Johnstone en *The Church is Bigger Than You Think* clasifica los pueblos del mundo en aproximadamente trece mil grupos y muestra la tremenda aceleración que se ha registrado para alcanzar a esos grupos con las buenas nuevas en el último siglo, como se ilustra en el Gráfico 3.

Gráfico 3 2000 años de evangelización a los grupos étnicos

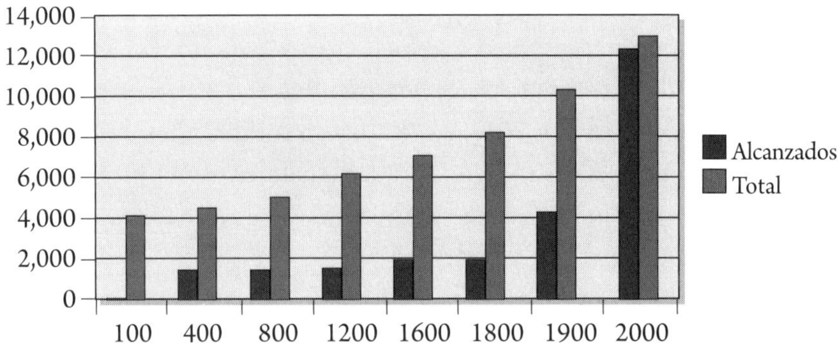

Fuente: Patrick Johnston, *The Church Is Bigger Than You Think* (Pasadena: William Carey Library, 1998), 105.

Note el tremendo aumento registrado entre 1900 y el presente. El enfoque en los pueblos escondidos durante la tercera ola ha acelerado enormemente el número de tribus, lenguas, pueblos y naciones (grupos étnicos, en griego *ethnos, ethne*) a quienes se les ha presentado a Jesucristo. Por primera vez en la historia, la meta de la Gran Comisión es alcanzable.

Por ejemplo, en los últimos años, *Finishing The Task,* asociación de agencias misioneras e iglesias que anhelan que se reproduzcan y funden iglesias en todos los grupos étnicos del mundo, ha colaborado con las conferencias *Call2All* para llegar a los restantes pueblos inalcanzados. Unos 2.700 de esos grupos tienen poblaciones inferiores a cien mil personas. El liderazgo de *Finishing The Task* identificó 639 grupos étnicos principales que nadie tenía en su punto de mira. Cuando fueron escritas estas líneas, se habían seleccionado 366 de dichos grupos, y comenzado la fundación de iglesias en 234 de ellos. Los líderes de estos movimientos creen que en pocos años el resto estará comprometido.[4] La tarea siguiente consistirá en alistar individuos, iglesias y organizaciones para evangelizar a las 2.700 etnias restantes más pequeñas.

El nuevo rostro de la misión

Cuantifiquemos el sorprendente cambio en el personal misionero que constituye el núcleo de la tercera ola de la misión moderna. Por decirlo sencillamente, la procedencia del ejército global de Dios se está desplazando del Primer Mundo (occidentales o pueblos caucásicos) a la mayor parte del mundo (naciones en vías de desarrollo en África, Asia, Latinoamérica y el Pacífico —a veces llamadas Dos Tercios del Mundo—). En los últimos cincuenta años, el centro de gravedad del cristianismo ha virado hacia la mayor parte del mundo, especialmente hacia el hemisferio sur. Rick Warren explica:

> «Los últimos cincuenta años han sido testigos de la mayor redistribución de una religión (el cristianismo) en la historia del mundo. Por ejemplo, en 1900 el 71% de los «cristianos vivían en Europa; para el año 2000 ese porcentaje había declinado hasta el 28%. Inversamente, en 1900 sólo el 10% de la población africana (10 millones) era cristiana, mientras que hoy lo es el 50% (360 millones). Esto significa un completo cambio de rumbo nunca

visto o producido en ningún continente. Hay más cristianos en China que en América; más presbiterianos en Ghana que en Escocia; más bautistas en el estado indio de Nagaland que en América del Sur; más anglicanos en Uganda, Ruanda o Nigeria, que en Inglaterra. Este es un cambio fundamental. El curso futuro del cristianismo discurrirá por el mundo en desarrollo: África, Latinoamérica y Asia».[5]

Debido al increíble crecimiento de la iglesia en África, Latinoamérica, el Pacífico y Asia, en estas regiones se está dando un cambio correspondiente en la producción de misioneros. El gráfico 4 muestra la dinámica de cambio de *la fuerza misionera* mundial y hacia dónde se dirige.

Gráfico 4 La fuerza misionera del mundo

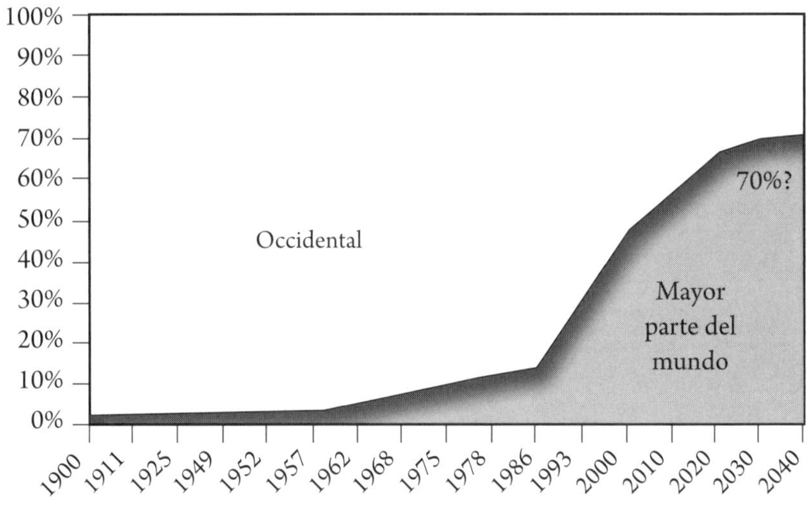

Fuente: Bob Waymire, *LIGHT International.*

El gráfico resalta el asombroso aumento de misioneros de la mayor parte del mundo en los últimos 30 años. Mientras que en 1900 muy pocos misioneros habían sido enviados de los países que conformaban las dos terceras partes del mundo, en el presente 306.000 obreros sirven en países de cultura cristiana, 103.000 comparten su fe en países evangelizados, y 10.200 hacen la obra de Cristo en veintiséis países completamente inalcanzados.[6]

Juventud Con Una Misión (JUCUM) es un ejemplo del rostro cambiante de la fuerza misionera global. Cuando yo me incorporé a esta organización en 1974, JUCUM apoyaba a trescientos misioneros plenamente dedicados, y el 99 por ciento de ellos eran de origen caucásico. Actualmente, el 60% de sus dieciséis mil miembros a tiempo completo que sirven en 150 países no son blancos. Brasil es el segundo país emisor de misioneros y Corea el tercero, y avanza a grandes pasos.[7]

El cambio sísmico del personal misionero también se puede apreciar en países que hasta hace poco eran campo de misión y están pasando a ser emisores de misioneros. El gráfico 5 muestra las estadísticas más actuales.

Gráfico 5 Los diez principales países emisores de misioneros

RANGO	PAÍS	MISIONEROS (c. redondeada)
1	EEUU	127.000
2	Brasil	34.000
3	Francia	21.000
4	España	21.000
5	Italia	20.000
6	Corea del Sur	20.000
7	Reino Unido	15.000
8	Alemania	14.000
9	India	10.000
10	Canadá	8.500

Fuente: Todd Johnson, *The Atlas of Global Christianity* (Edinburgh: Edinburgh University Press, 2009), 310.

El rostro de la misión está cambiando rápidamente. Judíos, romanos, europeos y estadounidenses han ocupado su lugar en la historia de la misión. Hoy está amaneciendo una nueva era en la que la gente de color está tomando la cabeza para evangelizar el mundo.

Y están surgiendo muchos grupos y misioneros. En 1980 se conocían 1.800 agencias misioneras evangélicas en todo el mundo que habían enviado 70.000 obreros. Actualmente hay 4.000 grupos misioneros evangélicos conocidos que han enviado más de 250.000 obreros de doscientos países.[8]

¡Cambio asombroso!

Deberíamos entusiasmarnos por el maravilloso avance logrado por la misión cristiana en los dos últimos milenios —especialmente en los últimos sesenta años—. Muchas olas de misión se han abierto paso. Una legión de países ha sido evangelizada; se ha puesto la mira y se ha iniciado obra en miles de etnias. Dos mil millones de personas han oído la noticia de que Jesús puede salvarles de sus pecados.

Pero la tarea no se ha completado. Otros pueblos y naciones siguen esperando el poder del evangelio para cambiar sus vidas y sus futuros.

Estoy convencido de que la cuarta ola de la misión moderna está emergiendo en este tumultuoso, aunque emocionante mundo del siglo XXI. Está destinada a ser un tsunami espiritual que acercará las bendiciones de Cristo a toda familia, tribu, pueblo y nación (Ap 5:9).

¿Qué apariencia tendrá la cuarta ola? ¿Cuál será su alcance? En los últimos capítulos me gustaría sugerir lo que Dios se puede proponer. Me gustaría que usted hallara su lugar en la cuarta ola.

Parte 3

La cuarta ola

«La cuarta ola de la misión moderna involucrará creyentes de toda edad y nacionalidad dispuestos a evangelizar a todas las personas, usando tecnologías innovadoras y cultivando relaciones en todas las esferas de la vida, ya que todo creyente será misionero».

—Ron Boehme

Capítulo 10

Todas las edades

La cuarta ola de la misión moderna involucrará creyentes de ***toda edad*** *y nacionalidad dispuestos a evangelizar a todas las personas, usando tecnologías innovadoras y cultivando relaciones en todas las esferas de la vida, ya que todo creyente será misionero.*

TOMANDO COMO BASE EL ANÁLISIS de las pasadas olas de avance misionero, en los últimos capítulos sugeriré el aspecto que puede ofrecer la misión en el siglo XXI. Mi proyección está contenida en la definición arriba dada —seis tendencias que ya están emergiendo, y una cuarta que es la clave del éxito definitivo.

No estoy sólo en mi valoración. Jim Stier, movilizador de misiones en Brasil y director de campo de Juventud con una Misión en las Américas, menciona ocho características emergentes de la cuarta ola muy similares a las arriba mencionadas, aunque con algún disimulo y algunas diferencias de vocabulario.[1] Otras añadiduras o énfasis del Espíritu Santo sólo serán prerrogativa de nuestro Dios providencial. Sólo él conoce el futuro.

La primera característica de la cuarta ola de la misión moderna es singular y electrizante: por primera vez en la historia, *gentes de toda edad*

—niños, jóvenes, familias y adultos—compartirán la tarea de extender el evangelio por todo el mundo. El servicio misionero fue una vez dominio exclusivo de los varones adultos. Muchos adelantos y progresos históricos —en lo religioso, económico y tecnológico— permiten hoy que gente de todas las edades participen en la empresa misionera cristiana. Dios está llamando a *todos* a participar.

Dado que cada uno de nosotros vive inmerso en una generación, tendemos a ver la vida a través de lentes increíblemente estrechas. A las generaciones actuales les puede parecer descabellado que gentes de distintas edades estén sirviendo en la misión mundial. Pero como hemos descubierto, este es un avance muy reciente.

En los primeros mil novecientos sesenta años de evangelización, la embestida misionera estuvo nutrida de adultos —algunos de ellos jóvenes, pero adultos al fin y al cabo—. Durante muchos siglos los hombres se hacían adultos a edades más tempranas, pero la limitación en los medios de transporte, el rigor que imponían las regiones caníbales, los animales salvajes y la carencia de medicamentos adecuados, hacían casi imposible que niños y adolescentes pudieran comprometerse con la actividad misionera.

En efecto, uno de los problemas más agudos de las tres primeras olas fue que los misioneros adultos casi se veían obligados a dejar a sus hijos en internados en Inglaterra, el resto de Europa y América del Norte, o erigir recintos de misión en las colonias para proteger a sus familias de peligros. Los que quedaban atrás solían abrigar amargura por sufrir la pérdida de sus padres a tierna edad. Muchos volvieron la espalda a la carrera misionera o incluso rechazaron al Señor. Otros se sintieron separados, aislados, en los recintos de la misión y no cultivaron un corazón por los perdidos.

Un ejemplo típico de ese periodo es Dale Kauffman, líder misionero que fundó King's Kids International (Niños del Rey; KKI, por sus siglas en inglés) en 1976 para permitir que las familias participaran en las misiones.[2] Dale nació en China de padres misioneros que tuvieron que abandonar el país al estallar la revolución comunista en 1948. Se crio en Japón y asistió a internados alejados del lugar de ministerio de sus padres. Esto le causó ira, desilusión, por lo que toca a la misión y enfado con sus padres. Hizo falta que más adelante Dios tocara su corazón para decidir perdonar a su padre y lanzar los King's Kids, que enfatizan la participación familiar conjunta en la misión.

Los King's Kids reclutan miles de padres, adolescentes y niños que forman equipos misioneros de verano para servir en obras establecidas por todo el mundo. Mi propia familia de ocho miembros participó en el ministerio de los King's Kids, que envió en el periodo 1991-2001 entre 100 y 150 adultos, adolescentes y niños a veintidós países. Nuestros hijos participaron en la bendición de nacer en el primer periodo de la historia en el que jóvenes y niños pudieron asumir su papel para cumplir la Gran Comisión.

El haber nacido en esta generación es un gran privilegio. Si usted hubiera sido hijo del apóstol Pedro en el siglo I no habría podido involucrarse en la misión. Si usted hubiera sido hijo de uno de los muchos misioneros de la primera o la segunda ola, en el siglo XIX, habría estado separado de la obra misionera que llevaban a cabo sus padres. Pero si ha nacido en la etapa final del siglo XX o en la primera del siglo XXI, entonces tiene el tremendo privilegio de ser misionero a una edad muy temprana. Hay varias maneras de implicarse. Considere los siguientes casos reales.

Hillary tenía siete años cuando se enteró de que unos niños chinos necesitaban mantas. Decidió enviar su apreciada piel de cordero para cubrir la necesidad, con lo que motivó a sus amigas a hacer una colecta y recoger suministros para un grupo minoritario chino, no evangelizado. Aunque Hillary sólo asistía a la escuela primaria, Dios la usó para motivar a la iglesia para enviar equipos de temporada a China, donde se salvaron personas y muchas familias fueron bendecidas con ropa, provisiones y columpios.

Hillary representa a muchos niños que leen biografías de misioneros, descubren pueblos inalcanzados y después lanzan proyectos para atraer a otros a Cristo en todo el mundo. Hillary no podía ir sola al campo de misión. Pero contó con la perspicacia, la tenacidad y los recursos del siglo XXI para adoptar personalmente un pueblo no evangelizado, recaudar dinero, y después ayudar y enviar equipos y provisiones a cierto grupo para compartir las buenas nuevas de Jesús. Hillary vivía una vida misionera antes de cumplir los diez años.

Hanna (no es su verdadero nombre), era una tímida niña de catorce años que comenzó a viajar en un equipo misionero de verano en 1995. En sus años de colegio ella se enamoró de Jesús, y de la predicación de su

Palabra, y se incorporó a un grupo en Hong Kong después de graduarse. Cuando tenía veintiún años, había visto miles de personas acudir a Cristo en China, India y muchos otros países del sudeste de Asia. Hoy es esposa y madre de tres niños, quienes, juntamente con su esposo, fundan iglesias en el centro de China. Hanna inició su carrera misionera a los catorce años y nunca volvió la vista atrás.

En el siglo XXI, millones de niños y adolescentes se implicarán en las misiones. Lo harán por medio de la oración, el apoyo económico, proyectos humanitarios, equipos misioneros de corto plazo y familias que prestan servicio misionero conjunto. Ellos cuentan con información, recursos, oportunidades, tecnología y pasión para ocupar su lugar en el cumplimiento de la Gran Comisión.

Pero *toda edad* significa que las personas de edad mediana o ancianas pueden ser también misioneras. Uno de los segmentos sociales más grandes que se alistan a las filas de Juventud con una Misión son personas que sobrepasan los cuarenta, han criado a sus hijos, se hallan por la mitad de sus carreras profesionales o simplemente desean dedicar sus últimos años al servicio misionero. Varias organizaciones, tales como SOWERS, Mission Builders y MAPPERS, movilizan gente capaz de la generación más mayor para servir a la causa misionera.

También, uno de los cursos de instrucción más populares de JUCUM es la Escuela de Discipulado para Adultos (CDTS, por sus siglas en inglés), diseñada para permitir que los creyentes de mayor edad sigan una trayectoria misionera en sus últimos años. Mediante la oración, la contribución económica, o adoptando el rol de «mamás y papás» y «abuelos y abuelas» en el campo de misión, los mayores están demostrando que nunca es tarde para ser misionero.

Tengo un amigo llamado Roy que ha sostenido actividades misioneras durante toda su vida. Cuando murió su esposa con setenta y tantos años, él hizo varios viajes misioneros para aprovechar su experiencia como electricista para servir a Jesús. Hace un par de años, se sumó a una campaña misionera en México, a los noventa y cinco.

En la cuarta ola de la misión moderna habrá cada vez menos barreras para que toda persona, cualquiera que sea su edad, viva un estilo de vida misionero. Uno puede involucrarse en la misión a cualquier edad. Somos la primera generación que comparte este privilegio.

Capítulo 11

Todas las nacionalidades

La cuarta ola de la misión moderna involucrará creyentes de ***toda*** *edad y* ***nacionalidad*** *dispuestos a evangelizar a todas las personas usando tecnologías innovadoras y cultivando relaciones en todas las esferas de la vida, ya que todo creyente será misionero.*

Se está produciendo un relevo generacional emocionante en el plan divino para redimir el mundo:

- Los primeros «corredores» fueron judíos, tanto en los tiempos antiguos como en la ola de la iglesia primitiva.
- En la Edad Media, los judíos pasaron el bastón de relevo a ciudadanos gentiles del imperio romano que fueron los primeros misioneros por varios siglos. Este movimiento produjo muchos grandes líderes africanos de la fe, como también europeos. A todos ellos les vinculó la infraestructura de la Pax Romana.
- Después que Europa fuera cristianizada y la Reforma trajera renovación a un continente apóstata, el testigo de la misión en el mundo pasó principalmente a los protestantes europeos en la primera ola de la misión moderna.

- Los estadounidenses recibieron el relevo después de la guerra civil entre sus estados. Ellos dirigieron la misión mundial durante buena parte de la segunda ola y toda la tercera.

Pero como hemos visto, a partir de la segunda mitad del siglo XX, Dios empezó a derramar su Espíritu en Latinoamérica, buena parte del África subsahariana y muchas regiones de Asia, lo que condujo a un cambio brusco del centro de gravedad del cristianismo global. El relevo está pasando hoy a los países de la mayor parte del mundo, destinados a dirigir la cresta de la cuarta ola ascendente.

La verdad es que en la cuarta ola de la misión moderna, todas las nacionalidades servirán al mismo tiempo y serán dirigidas por nuevos participantes. Esto supone un paso estupendo en el plan misional de Dios.

Pertenece a la soberanía de Dios que la mayor parte del mundo dirija la próxima ola, o el final de la evangelización del mundo. En la cuarta ola, el misionero típico no será un blanco del Primer Mundo. Él o ella serán de África, Latinoamérica, islas del Pacífico, Oriente Medio o Asia. Ha llegado el día de levantarse y echar a andar.

La Consulta Misionera Global de Tokio 2010 subrayó este cambio asombroso que está teniendo lugar en la misión global. Para muchos, lo más notable de la conferencia fue cuando Stefan Gustavsson, líder de la Alianza Evangélica Sueca, rogó a los delegados «que fueran a ayudarles», pues lamentó el declive de la fe cristiana en Europa. El Dr. Gustavsson emuló la visión del llamado del varón macedonio que oyó Pablo hace casi dos mil años. En respuesta a su súplica, el Dr. Yong Cho, coreano, director de la *Global Network of Mission Structures*, subió al podio, con lágrimas en los ojos, y toda la asamblea se puso a clamar a Dios por los pueblos de Europa.[1]

¡Qué giro tan sorprendente de los acontecimientos! Fueron los misioneros europeos los que llevaron fielmente las buenas nuevas a los pueblos de la mayor parte del mundo en los últimos cuatrocientos años. Pero es necesario que en el siglo XXI los misioneros de la mayor parte del mundo devuelvan el favor y más aún.

Tokio 2010 fue una de las cuatro conferencias internacionales celebradas en 2010 diseñadas para hacer seguimiento de la gran conferencia de Edimburgo de 1910. La conferencia de Tokio es típica del cambio de guardia que está teniendo lugar en la misión mundial. El delegado David Taylor lo describió de la siguiente manera:

> Un rasgo interesante de Tokio 2010 que sorprendió a muchos delegados occidentales fue el número de misioneros africanos que sirven en Japón. ... Irónicamente, a medida que las misiones más antiguas han ido retirando su personal de Japón debido al alto coste de vida, ¡Dios los ha venido sustituyendo con misioneros de algunos de los países más pobres de la tierra!
>
> Estos misioneros africanos son un pequeño destello del cambio sísmico que está trastocando la iglesia universal y el movimiento misionero global. El Dr. Yong Cho comentó: «Llegará el día en que la mayoría del personal que trabaja con misiones internacionales de origen occidental estará formado predominantemente por misioneros transculturales no occidentales».[2]

Tokio 2010 ha sido la primera conferencia misionera global organizada, dirigida, visitada y financiada por una mayoría de liderazgo misionero no occidental. No será la última.

JUCUM es un ejemplo del cambio global que se está produciendo. Para el cincuenta aniversario de JUCUM celebrado en 2010, la organización había crecido asombrosamente, se nutría de personal procedente de 107 países, y el mayor aumento tenía lugar en la gente de color. Brasil es nuestra segunda nacionalidad más numerosa y está constituida principalmente por misioneros jóvenes y dinámicos. Tenemos una gran representación de coreanos, indios, nigerianos y naturales de muchos otros países de África y Asia. En todos nuestros campus de formación hacemos hincapié tanto en la necesidad como en el deseo de ser total y verdaderamente internacionales. Y está teniendo lugar ante nuestros ojos.

En 2010, JUCUM contaba con un personal de 16.000 misioneros globales. Nuestra meta es alcanzar 200.000 en los próximos cincuenta años. Pero para alcanzar este objetivo, por la gracia de Dios, podemos afirmar con toda seguridad que la mayoría de esos 184.000 nuevos reclutas provendrán de los países de la mayor parte del mundo.

Creo firmemente que las mayores adiciones a la fuerza misionera global en el siglo XXI provendrán de las dos naciones más grandes de la tierra: China e India. Los cristianos chinos tienen un deseo ardiente de compartir su fe por todo el mundo. Pero su realidad política actual no permite a muchos viajar.

Creo también que en este siglo Dios desencadenará sucesos que enviarán decenas de millones de chinos como misioneros transculturales. Ellos seguirán el ejemplo de la Iglesia coreana de llevar su visión a todas partes. Serán una adición bien recibida para la evangelización del mundo. En vez de divisar distritos y restaurantes chinos en muchas ciudades del mundo, yo creo que llegará el día en que las iglesias y los ministerios chinos salpicarán el paisaje. Los chinos serán una parte importante de la próxima ola.

Una de las oraciones más estratégicas que podemos hacer en el siglo XXI es que China sea libre y envíe millones de misioneros por todo el mundo con las buenas nuevas de Jesucristo.

También debemos orar por la India. Esta gran nación con pasado británico e influencia cristiana, aunque pobre y populosa, está emergiendo en el siglo XXI como posible potencia económica y misionera. Una alianza entre los cristianos indios y chinos sería una potente combinación en el próximo mover del Espíritu de Dios. Oremos fervientemente para que el plan de Dios se cumpla en los gigantes asiáticos de China e India.

Pero muchos otros naturales de África, Latinoamérica, Oriente Medio y Asia también están ocupando su lugar en la evangelización del mundo. Los africanos están provocando un impacto en algunos países europeos;[3] los latinos constituyen una parte importante de la iglesia que crece en América del Norte;[4] los pueblos musulmanes están acudiendo a Cristo en Indonesia, Irán y otros países.[5]

Una gran estrategia que Dios está usando para que su iglesia florezca en todos los países son los movimientos nativos de fundación de iglesias. Debido a los siguientes factores, David Garrison, de la International Mission Board, cree que estos movimientos causan un crecimiento exponencial de discípulos e iglesias:[6]

- Por su rapidez —las nuevas iglesias se forman mucho más deprisa que antes.

- Multiplicación —el número de iglesias crece exponencialmente por multiplicación, no adición.
- Son indígenas —comienzan dentro de una cultura o segmento de población y no dependen de recursos extranjeros para multiplicarse.
- Las iglesias fundan iglesias —miembros comunes de iglesia, no clérigos profesionales, asumen la responsabilidad de fundar nuevas iglesias.

Garrison cree que todos los movimientos de iglesia tienen en común diez componentes: *oración, siembra abundante del evangelio, voluntad de fundar iglesias, autoridad basada en las Escrituras, vida auténtica, enfoque local, liderazgo laico, células o grupos de hogar, iglesias que plantan iglesias y reproducción rápida.* Estos factores producen iglesias sanas, centradas en la adoración, la evangelización, el discipulado, el ministerio a otros y la confraternidad.[7]

Los movimientos de fundación de iglesias están floreciendo en muchos países. La cuarta ola de la misión moderna será una ola global de amor, servicio y buenas nuevas a todas las naciones de la tierra. Y estará compuesta de gentes de toda raza y nacionalidad —por primera vez en la historia.

La «coalición arco iris» de Dios viene con las buenas nuevas de Jesucristo. Tiene por objeto tocar a toda persona que vive sobre el planeta tierra.

Capítulo 12

Evangelizar a todos

La cuarta ola de la misión moderna involucrará creyentes de toda edad y nacionalidad dispuestos a ***evangelizar a todas las personas*** *usando tecnologías innovadoras y cultivando relaciones en todas las esferas de la vida, ya que todo creyente será misionero.*

Jesús quiso decir lo que dijo cuando mandó a sus discípulos: «Ir a todo el mundo y anunciad las buenas nuevas a toda criatura» (Marcos 16:15).

La Iglesia Primitiva obedeció sus mandamientos y llevó el evangelio de salvación a gran parte del imperio romano. La verdad de Dios avanzaba tan triunfantemente en ese periodo que el apóstol Pablo pudo decir que este «evangelio que ha llegado hasta vosotros... está dando fruto y creciendo en todo el mundo» (Col 1:6).

Después de siglos de progreso y declive durante la Edad Media, la empresa misionera se extendió más allá de las fronteras del imperio romano hasta los remotos confines de la tierra, de los que William Carey se había lamentado diciendo que de una población de 731 millones, unos estimados 420 millones seguían en las tinieblas del paganismo.[1] En los días de Carey, el 57,5 por ciento de la población del mundo nunca había oído hablar de Jesucristo.

Por el contrario, para el año 2010 la población del mundo alcanzó 6.700 millones de habitantes, una cifra casi diez veces superior a la estimada por Carey en 1792. Pero la influencia de las tres primeras olas de la misión moderna puso el evangelio al alcance de casi 4.000 millones de personas, quedando 2.700 millones —el 40,7 por ciento— aún sin evangelizar. La mejora del 17 por ciento es una gran noticia, pero no para aquellos que siguen aún sin Cristo.

No está claro cuánto va a crecer la población mundial en los próximos años. Las estimaciones de las Naciones Unidas varían considerablemente para el año 2050 entre una cifra mínima de 7.500 millones y una máxima de 10.600 millones.[2] Después de ese tope, el informe de 127 páginas de la ONU menciona numerosas variables que pueden afectar a la población prevista para los próximos doscientos años, para concluir finalmente que la población global podría explosionar hasta alcanzar 3.640 millones de personas en el año 2300 o disminuir a 2.300 millones.[3] Baste decir que las mentes más brillantes de la tierra no saben realmente cuánta gente poblará el planeta en el futuro próximo o distante.

Pero Dios sí lo sabe —y él quiere compartir las buenas nuevas de su Hijo con todas ellas. La cuarta ola de la misión moderna puede hacer esto posible.

Más de 2.000 millones de personas en el mundo se identifican hoy como cristianas, lo que hace del cristianismo la principal religión de la historia. Si cientos de millones de estos seguidores de Cristo se alistaran para orar, se comprometieran, apoyaran a misioneros, y usaran las muchas formas de tecnología hoy a nuestra disposición, entonces miles de millones podrían oír acerca del amor de Dios en un periodo de tiempo muy breve.

Como se notó en capítulos anteriores, hay muchas iniciativas globales destinadas a adoptar, atraer y alcanzar a los restantes pueblos escondidos que existen en el mundo. Por ejemplo, en una reciente convocatoria internacional, les fue presentada a los líderes de misión presentes una lista de 639 pueblos con los que no se había hecho ningún compromiso, cada uno con una población de cincuenta mil, y 171 de estos pueblos fueron seleccionados por líderes de agencias misioneras para evangelizarlos en los próximos tres/cinco años.[4] Estos tipos de compromiso son cada vez más frecuentes a medida que los misioneros de la mayor parte del mundo se suben a la cuarta ola.

Call2All, asociación de varios centenares de las más destacadas agencias misioneras, denominaciones y organizaciones del mundo, testifica que cientos de grupos étnicos inalcanzados se están adoptando como blanco de evangelización en conferencias que se celebran por todo el mundo.[5] Una estrategia de Call2All, desarrollada por el estratega David Hamilton, es el *Proyecto 4K* —un paradigma emergente para mirar el mundo—.[6] Es una forma de cartografía global que divide el mundo en cuatro mil cuadrículas por cuyas ciudades, capitales y naciones se puede orar, hacer compromisos y evangelizar.

Hay cuatro conceptos básicos que sustentan el Proyecto 4K. En primer lugar, es de vital importancia asumir una cosmovisión bíblica que entienda la importancia de cumplir la Gran Comisión. En segundo lugar, la llamada a todos los cristianos a participar activamente para llevar el evangelio a toda persona, en todo lugar y a todas las esferas de la sociedad. (El Proyecto 4K hace hincapié en «todo el mundo».) En tercer lugar, determinar «dónde no estamos». Jesús dijo: «Si un hombre tiene cien ovejas y una de ellas se pierde, ¿qué hará? ¿No dejará las otras noventa y nueve en el desierto y saldrá a buscar la perdida hasta que la encuentre?» (Lucas 15:4). Como aspecto muy práctico, el Proyecto 4K usa un mapamundi digitalizado (una especie de versión cristiana de Google earth) para localizar dónde *no* está la Iglesia.

Finalmente, el mapa del Proyecto 4K encierra un nuevo concepto de la geografía. Se usan los límites de población para reorganizar las divisiones civiles existentes en un sistema unificado de áreas llamadas *Zonas Omega.* Basándose en la disponibilidad del evangelio en cada área, los límites de población centran amablemente su atención en los lugares donde el evangelio es más necesario, pero sin descuidar el resto del mundo. Hay tres tipos de Zonas Omega —los «Últimos Lugares» de la tierra que necesitan recibir el amor de Dios.

1. En un área donde el evangelio no está disponible (Mundo A), la población se limita a 3 millones por zona.
2. En un área donde el evangelio está parcialmente disponible (Mundo B), la población se limita a 6 millones por zona.

3. En un área donde el evangelio está fácilmente disponible (Mundo C), la población se limita a 9 millones por zona.

El objetivo del Proyecto 4K es involucrar a millones de cristianos en todo el mundo para adoptar una Zona Omega y así concentrar oración, visitas personales, equipos de misión, apoyo económico y ministerio a largo plazo. Una iglesia de 4.000 miembros puede «cubrir» todo el mundo de alguna manera, si cada miembro adopta una Zona Omega. Una pequeña congregación puede cubrir una o varias Zonas Omega para concentrarse en la intercesión y la evangelización. Los grupos de jóvenes pueden adoptar una Zona Omega. Los grupos pequeños pueden hacer lo mismo.

Y los cristianos individuales también se pueden volcar como un rayo láser sobre una Zona Omega particular y hacer de ella la pasión de su vida.

Yo he adoptado personalmente la Zona Omega de Mongolia y he estado trabajando allí trece años. Oro regularmente por este país. Llevo grupos a Mongolia una o dos veces al año para participar en proyectos evangelizadores y humanitarios. He solicitado becas y ayudado a crear empresas en este relativamente pobre ex satélite soviético. He organizado sesiones de instrucción para pastores y líderes de jóvenes, e incluso recurrido equipos de deportes para compartir el evangelio en este país budista.

En los años que he trabajado en Mongolia, Dios ha motivado a muchos otros a apuntar como objetivo a este país que antes estaba totalmente sin evangelizar. Cuando empecé a viajar a Mongolia había pocos miles de creyentes en el país. En el presente hay cincuenta mil en quinientas iglesias, y la visión de los líderes de la iglesia mongola es evangelizar al 10 por ciento de la población del país para el año 2020. Muchos cristianos mongoles están ahora cubriendo sus propias Zonas Omega alrededor del mundo y haciendo lo que pueden para propagar las buenas nuevas.

Yo he escogido mi Zona Omega. ¿Lo ha hecho usted?

Por primera vez en la historia, contamos verdaderamente con mano de obra, recursos y conocimiento para alcanzar a *toda persona en la tierra con la oferta de salvación de Cristo.* La ola creciente de su *historia* avanza de este modo: de Jerusalén a las costas, al interior, a los pueblos inalcanzados, a cada vecino, a cada persona.

Capítulo 13

El uso de tecnologías innovadoras

La cuarta ola de la misión moderna involucrará creyentes de toda edad y nacionalidad dispuestos a evangelizar a todas las personas ***usando tecnologías innovadoras*** *y cultivando relaciones en todas las esferas de la vida, ya que todo creyente será misionero.*

TANTO LA REVOLUCIÓN INDUSTRIAL como, más recientemente, la revolución de la información han provocado una gran aceleración en el curso de la evangelización del mundo. Estos saltos son mayormente debidos a los adelantos en tecnología y comunicaciones que han tenido lugar en los últimos ciento cincuenta años —algo que Dios ha permitido providencialmente en su orquestación de la historia.

No fue siempre así. Desde los tiempos de Julio César hasta los de George Washington —más de dieciocho siglos— los principales sistemas tecnológicos del mundo, tanto la estrategia militar como las técnicas agrícolas cambiaron poco. Pero la revolución industrial de 1760-1850 (con sus avances agrícolas, textiles, manufacturas metálicas, transportes, política económica y estructura social) ayudó enormemente a la misión global. Estas innovaciones significaron mucha mayor facilidad para viajar, creación de riqueza para financiar las misiones y mejores comunicaciones con el campo de misión.

En el siglo XX, nuevos avances tecnológicos, como la invención del automóvil, el teléfono, la radio, la televisión, el avión y las vacunas para prevenir enfermedades han ayudado a proclamar el evangelio en todas las naciones de la tierra. Las famosas palabras de Samuel Morse: «¿Qué ha forjado Dios?» transmitidas por una línea telegráfica abierta entre Baltimore y Washington DC, el 24 de mayo de 1844, son ciertamente ¡lo mismo que hoy exclamamos! Dios ha permitido en nuestro tiempo una serie de descubrimientos científicos que además de cambiar el mundo y su funcionamiento, lo han reducido a dimensiones mucho más pequeñas.

El creyente misionero del siglo XXI hará pleno uso de la revolución informativa para llegar a toda persona con las buenas nuevas de Cristo. Mencionemos unas pocas tecnologías y estrategias innovadoras que están ayudando a encarar el mundo para Cristo.

Radio

Aunque es uno de los medios más antiguos, la radio sigue dominando como instrumento de misión en todo el mundo. *Far East Broadcasting Company* ha estado transmitiendo el amor de Cristo en las regiones de Asia y el Pacífico desde 1952, en doscientos idiomas pertenecientes a 160 países.[1] Radio Trans Mundial (TWR) es otro gigante de la radio cristiana que cuenta con treinta y dos emisoras diseminadas por todo el mundo y retransmite en 150 lenguas.

Steve Shantz, director informativo de TWR asegura: «Soy consciente de los muchos millones de personas que nunca leerán el contenido de un buscador de internet, enviarán un «tweet» o leerán un e-mail. Esta mayoría demográfica estará con nosotros todavía por algún tiempo, y la manera más efectiva de alcanzarles es a través de la radio». Shantz tiene razón —especialmente en un continente como África, donde 1 de cada 160 personas tiene acceso a internet, 1 de cada 130 tiene computadora, 1 de cada 35 tiene teléfono, pero 1 de cada 3 tiene radio.[2]

La radio sigue siendo fundamental para llegar a las personas en los países en desarrollo. Lex Gerts, representante de la Unión Europea, está de acuerdo en que «en esas partes del mundo en las que los avances tecnológicos tienen todavía muchos obstáculos que salvar, la radio ha demostrado ser el medio más eficiente y económico y de más amplia penetración [sic]».[3] El alcance de la radio se extenderá en el siglo XXI.

La televisión

Recuerdo cuando compramos nuestro primer aparato de televisión en color en 1960 y contemplamos atónitos la retransmisión del *Mago de Oz*. En aquel tiempo la televisión comercial sólo tenía unos diez años de edad. Se estima que hay actualmente 1.400 millones de aparatos receptores en el mundo que permiten a casi 5.000 millones de personas acceder a noticias, información y entretenimiento.

Cadenas innovadoras como la Christian Broadcasting Network, de Pat Robertson (CBN), aprovecharon la televisión para predicar el evangelio en 1961 (para 1977 se había convertido en el primer canal básico de TV por cable). La CBN retransmite actualmente por satélite a 218 países y territorios en distintos idiomas —mandarín, turco, español y galés, por mencionar algunos—. La CBN ha hecho posible que millones de personas se hayan acercado a Cristo a través de sus programas y predicaciones.[5]

La Trinity Broadcasting Network (TBN), fundada por Paul Crouch en 1973, «comenzó con la idea de crear un canal cristiano de televisión que cubriera todo el mundo».[6] La TBN es el mayor canal cristiano de televisión, con cinco mil emisoras y treinta y tres satélites internacionales. Es uno de los principales productores de películas cristianas y está a la vanguardia de la innovación tecnológica, con tres teatros de realidad virtual en tres ciudades estadounidenses.

Muchas cadenas de televisión y ministerios más recientes están brotando en el mundo para esparcir las buenas nuevas a través de ondas y también de proyectos benéficos. GOD TV, fundada en 1995 por Rory y Wendy Alec, en el Reino Unido, y actualmente establecida en Israel, es uno de los ministerios cristianos de televisión de nueva generación. Su misión es «alcanzar a los perdidos y equipar a los creyentes en todo el mundo».

Mientras se filmaban las devastadoras consecuencias del tsunami de 2004 que azotara Sri Lanka, un empleado de GOD TV se topó con una mujer que vivía en una cubierta provisional, o chabola improvisada, en la costa norte de la isla. Se llamaba Shiryawati y lo había perdido todo. A través de los Fondos de Socorro de GOD TV se le pudo comprar un trozo de terreno y edificar una casa con electricidad y agua corriente. La casita tiene dos habitaciones, cocina, baño y ducha —y un televisor ante el que puede ver el canal de GOD TV con sus vecinos musulmanes e hindúes. Gracias al aparato de televisión, otras personas están acudiendo a Cristo.[7]

Muchos no podemos vivir sin televisión en el mundo moderno (sean grandes pantallas o iPhones). Esta generación usará la capacidad de acercamiento de la televisión para contar al mundo que Jesús se preocupa y *salva*.

Películas

Las películas y los filmes también están siendo usados por esta generación creativa para completar la Gran Comisión. Una película, en particular, ha indicado el camino para mostrar la persona de Cristo a los que tienen poco o ningún conocimiento de él.

Según el pastor Rick Warren, autor de *Una vida con propósito*, «la película 'JESÚS' es la herramienta evangelizadora más eficaz que se ha creado». Cada cuatro segundos, en algún lugar del mundo, una persona manifiesta su decisión de seguir a Cristo después de presenciar la película «JESÚS», producida por el ministerio de Cruzada Estudiantil para Cristo. Cada cuatro segundos, es decir, 21.000 personas por día, 630.000 por mes, más de 7,5 millones por año.

Alguien ha dicho que este film es «uno de los secretos mejor guardados de la misión cristiana», y varios expertos lo han aplaudido como a una de las grandes herramientas evangelizadoras de todos los tiempos. Desde 1979, la película «JESÚS» ha sido exhibida ante cientos de millones de personas (sí, cientos de millones) en todo el mundo, y hecho posible que más de 225 millones de hombres, mujeres y niños tomen la decisión de seguir a Jesús. Basada en el evangelio de Lucas, la película «JESÚS» ha sido doblada a más de mil idiomas, y se añade una nueva lengua cada semana. Acerca la Palabra de Dios a más de doscientos países, en lenguas que los naturales conocen y entienden. Por la gracia de Dios, está produciendo una cosecha espiritual de consecuencias imprevistas.

No sólo es útil la película «JESÚS», también es una herramienta eficaz para expandir la Iglesia por todo el mundo. A decir verdad, según el Dr. Stephen Steele, ex director ejecutivo de los ministerios DAWN, tres cuartas partes de las iglesias fundadas en la última década en el mundo aprovecharon la película 'JESÚS' como parte de su proceso de plantación.

Otros cineastas cristianos también están usando el poder del cine para mostrar a esta generación el Rey de reyes. *Create International* es un ministerio de comunicación de misiones fronterizas dedicado a producir audiovisuales en la lengua del corazón (lengua materna), al estilo cultural del grupo étnico al que van destinados. Estos recursos equipan a los obreros para alcanzar a los grupos étnicos menos evangelizados del mundo, como el bengalí de Bangla Desh, zhuang de China y wolof de Senegal y Gambia.[9] Este ministerio ha producido muchos vídeos para alcanzar a los más pequeños de entre los pueblos inalcanzados.

Bollywood, la industria del cine en lengua hindú, segunda productora del mundo, también está entrando en escena. Millones de indios han visto *Dayasagar*, una película sobre la vida de Jesús, dirigida y protagonizada por Vijaya Chandar. Fruto de ella, la evangelización cinematográfica ha conquistado un espacio como potente herramienta para los cristianos en una India mayoritariamente hinduista. Según Joseph D'Souza, presidente del *Consejo Cristiano de la India*, «en el contexto indio de comunidades pluri-religiosas, la propagación de la vida de Jesús es la forma más sabia de ganar a la gente para la iglesia. Los cineastas evangelistas de la India se están ocupando de la fase inicial de preparación del terreno para hacer posible una experiencia personal de fe».[10]

En la India, el segundo país más poblado del mundo, *Operación Movilización* (OM) cuenta con 140 equipos de campo que colaboran con iglesias locales para distribuir literatura y pantallas de proyección de películas. «Después de cada sesión, entre un 5 y un 10 por ciento de espectadores deciden escoger a Jesús como su Salvador», asegura Kumar Swamy, director de la zona sur de OM. «No les forzamos a cambiar el nombre que les identifica como no cristianos o a esquivar sus dioses. En su debido tiempo, ellos mismos lo hacen». Swamy espera fundar mil iglesias en el sur de la India valiéndose del cine para evangelizar.[11]

También, millones de ilusionados jóvenes por todo el mundo están aprendiendo técnicas de producción y edición de vídeos que pueden emplear para recoger la cosecha. Dios es el autor de la historia más fantástica —las buenas nuevas— y el cine se ha convertido en uno de los medios preferidos para anunciarlas al mundo.

La oralidad y las artes

No todos los métodos del siglo XXI usarán alta tecnología. Una de las estrategias innovadoras de mayor rendimiento que se están imponiendo en el cuerpo de Cristo en todo el mundo son los métodos orales para alcanzar a muchos pueblos escondidos. El aprendizaje del arte de «narrar historias» y el uso de diversas tecnologías modernas para contarlas constituyen un elemento crítico de la cuarta ola.

Paul Eshleman, fundador del proyecto de la película «JESÚS» y director de la red Finishing the Task (Fin de la Tarea) ha declarado:

> Yo creo que el tema de la oralidad o el evangelizar mediante el aprendizaje oral es una de las ideas más avanzadas que está comenzando a ganar impulso. Dos tercios de los habitantes del mundo son aprendices orales. Es decir, prefieren aprender por medio de proverbios, música, poesía y, especialmente, historias. Como líderes de misión, debemos reconsiderar qué estrategias estamos usando para evangelizar, discipular y fundar iglesias.[12]

El Consejo de Misiones Internacionales de la Convención Bautista del Sur, una de las mayores organizaciones misioneras del mundo, se ha comprometido seriamente a evangelizar culturas que prefieren, en el siglo XXI, los métodos de comunicación oral a la palabra escrita. Su división de Estrategias de Oralidad cree que las culturas orales funcionan vertiendo toda verdad importante, o fragmento de información, en formas fáciles de memorizar. Los proverbios son concisos, formas memorables de contar relatos. Los poemas y las canciones suelen ser más fáciles de memorizar que las listas sencillas de verdades o hechos.

Las culturas orales desarrollan formas estándar para estructurar proverbios, poemas y relatos. Estos patrones de organización de la lengua hablada para facilitar la memorización y la presentación son también parte de la oralidad. Los misioneros prudentes comprenden que para que una cultura oral entienda su mensaje, han de presentárselo en formas que les resulten familiares. Esta comprensión les ayuda a buscar la mejor manera de presentar el mensaje bíblico, para que puedan entenderlo, retenerlo, beneficiarse de él y transmitirlo a otros.[13] Los naturales de muchas culturas son ávidos aprendices orales, como los ganaderos sudaneses, los soldados rebeldes del Congo y los patua de la India.[14]

¿Ha notado usted que la generación joven, que está alcanzando su mayoría de edad, sienten gran preferencia e inclinación por el arte? Les encanta la música, los medios visuales, la danza, las representaciones dramatizadas, la pantomima, la expresión artística y el buen relato de cuentos de muchas formas creativas. ¿No será que Dios está preparando una generación global de jóvenes para ser los mejores cuentacuentos que ha conocido el mundo?

Yo creo que sí, y que ellos presentarán oralmente «la más grande historia jamás contada» a un mundo que está esperando.

La era digital

Computadoras, internet y tecnologías móviles

Escribí mi primer libro en 1976, con una máquina de escribir manual. Fue un proceso laborioso, extremadamente difícil de editar y corregir. No obstante, suponía un gran adelanto si se comparaba con el trabajo de un monje del siglo X, que a menudo tardaba meses o años en escribir a mano un manuscrito precioso.

En 1983 adquirí mi primera computadora personal por 3.000 dólares (casi 8.000 dólares actuales). Era abultada, lenta y tenía muy poca memoria. Pero hoy tecleo un portátil que cuesta 500 dólares, tiene cien veces más de velocidad y memoria que mi primera máquina y se puede conectar a una autopista digital llamada internet que me pone en contacto inmediato con millones de recursos en todo el mundo.

Ciertamente, las innovaciones tecnológicas más importantes de los tiempos actuales han sido la computadora, la creación de la red global y el uso y la popularidad crecientes de los dispositivos móviles, especialmente los teléfonos celulares (móviles).

Estas invenciones increíbles —distintivos de la era digital— están cambiando el mundo a todos los niveles y nos están acercando, para bien o para mal, a una especie de aldea global. Los medios digitales han transformado el mundo en los últimos quince años. Hemos entrado en la «cultura de la comunicación digital» que ha cambiado todas las normas de una comunicación efectiva.

Por ejemplo, los teléfonos celulares. Hay actualmente unos tres mil millones de usuarios de móviles en el mundo, lo que equivale al 43 por ciento de la población mundial. Se usan más teléfonos celulares en África que en los EEUU. Los sistemas móviles en Japón y Corea son altamente avanzados. A diferencia de la computadora, el teléfono móvil siempre está contigo —es parte integral tuya y de tu estilo de vida.[15]

Ha habido una impresionante convergencia en las prestaciones de los distintos tipos de teléfonos celulares. Aunque todavía se pueden encontrar teléfonos básicos, los dispositivos ofrecen un abanico cada vez más amplio de funciones que van mucho más allá de las llamadas telefónicas y los mensajes de texto. Incluyen e-mail, búsqueda en la web, MP3/reproductor de vídeo, receptor de radio/TV, mapas y posición global, localización de amigos, control/rastreo de niños por sus padres, videocámara, consola de juegos, libros electrónicos, procesador de textos, escaneo de códigos de barras, tickets/billetes electrónicos, agenda/diario, conexión WiFi y capacidad Bluetooth.

Los expertos predicen que para el año 2020 la mayoría de accesos a la web será a través de dispositivos móviles. En la arena de los móviles se está progresando a la velocidad de la luz. Las computadoras y los PC portátiles no han cambiado demasiado en cinco años (aunque son más rápidos y tienen más memoria), pero los dispositivos y las aplicaciones móviles avanzan a pasos agigantados. ¿Qué aspecto tendrá el mundo de los celulares/móviles en el año 2020? Pew Internet vaticina que los móviles serán más computadoras que teléfonos.

Esta increíble revolución tecnológica supone una oportunidad fenomenal para alcanzar a todos los habitantes de la tierra con el mensaje de salvación. A través de llamadas telefónicas, Skype, mensaje de textos, salas de chat, fórums, redes sociales y tweets, los habitantes del mundo pueden conocer a Jesús y entablar una relación salvadora con él.

Por ejemplo, los Traductores Bíblicos Wycliffe (WTB) están acelerando ostensiblemente la obra de la traducción de la Biblia gracias a la potencialidad de las computadoras. Se hablan 6.909 idiomas en el mundo. Con el antiguo lema de Wycliffe «un equipo, una lengua, una vida», la organización creía que podía concluir la tarea de traducir al menos una porción de la Biblia a toda lengua hablada para el año 2150.

Pero los ordenadores portátiles y los satélites están acortando el tiempo en unos 125 años. Anteriormente, una familia misionera o equipo de Wycliffe pasaba décadas aprendiendo y transcribiendo una lengua en un lugar remoto de la tierra. Pero gracias a los avances tecnológicos, los traductores Wycliffe tendrán al menos una porción de la Biblia escrita en todas las lenguas habladas del mundo para el año 2025. Paul Edwards, líder de la Campaña a las Últimas Lenguas, de la misma organización, afirma: «Estamos inmersos en el periodo más acelerado que ha habido en dos mil años».[17] Esta es una de las bendiciones de la era digital.

La explosión tecnológica nos toca diariamente. Por ejemplo, ésta fue para mí una semana típica —nací en la posguerra y sólo he adquirido la destreza moderada de un usuario—. Mecanografié cincuenta páginas en un portátil y envié dos blogs que fueron a doscientas personas alrededor del mundo. Mientras tiraba unos balones al aro con mi hijo, recibí un mensaje de texto de un joven africano que vive en Liberia para concertar fechas para un futuro ministerio. Una tarde animé a un discípulo mongol charlando por Skype (¡con una imagen perfecta!). Hice uso de la aplicación GPS de mi celular para una cita relacionada con un proyecto de misión al otro lado del mundo y envié un mensaje a mi hijo que vive en Los Ángeles y se encontraba grabando un vídeo cerca de Hollywood.

Si mi generación puede aprender a navegar por la era digital hasta cierto límite, imagínese lo que las jóvenes generaciones que crecen en este mundo digital serán capaces de hacer para Cristo en lo que resta de siglo. Yo creo que miles de millones de personas oirán de Jesús a través de la tecnología digital en los próximos años. Será la mayor explosión evangelizadora en la historia del mundo.

El pastor Joel Hunter de la Iglesia Northland, en Orlando, Florida, ha declarado: «Puedo asegurar que ésta es una de las empresas más emocionantes de las que he formado parte en mis cuarenta años de ministerio. ¡Dios nos está invitando a ser parte de algo realmente asombroso!».[18] Se refiere a las posibilidades de dar a conocer a Cristo en la era digital.

La *Global Media Outreach*, una división de Cruzada Estudiantil para Cristo, ha desarrollado más de cien páginas web dedicadas a esta labor. Valiéndose de Internet como plataforma de comunicaciones, la gente puede chatear, orar y aprender de Jesús con personas que se preocupan a miles de kilómetros de distancia. La Global Media Outreach ha sido testigo de diez millones de decisiones por Cristo en 2009.[19] Esta es ciertamente la futura ola de misión.

Las maravillas digitales se usarán también para cartografiar las últimas fronteras para evangelizar el mundo. El *Llamado a la última milla* es una asociación global que está preparando un sistema con una «Base Global de Datos de Fundación de Iglesias». Esta herramienta permitirá crear páginas nacionales en idiomas locales, para mostrar el progreso de la plantación de iglesias en cada pueblo y ciudad, mediante un servicio de cartografía central. Los creadores de este software avisan a los líderes cristianos: «Díganos qué necesitan y lo desarrollaremos».[20]

En los días que se levantó el tabernáculo, Dios ungió a algunos hombres con «sabiduría, capacidad y conocimiento» para ayudar a llevar a cabo la tarea (Éx 31:3). ¿No serán los programadores e ingenieros informáticos cristianos los equivalentes modernos de esos hombres que ayudarán al Señor a edificar una «casa» global en la que caben todos los pueblos?

Las generaciones actuales son tecnológicamente perspicaces y se están preparando para compartir las nuevas de Jesús a través de innovaciones mucho más eficaces que las que el mundo antes ha visto. Una nueva ola de salvación necesita nuevas herramientas para encauzarla. La Declaración de Tokio, de mayo de 2010, contiene las siguientes palabras desafiantes: «Dios ha confiado a esta generación más oportunidades y recursos para completar la tarea que a ninguna otra. Tenemos más iglesias con mentalidad misionera, más estructuras y bases emisoras, más misioneros, más recursos materiales, más fondos, más y mejor tecnología, más información y datos, una comprensión más profunda de la tarea y una perspectiva más clara de nuestra responsabilidad que las generaciones previas. Dios requerirá mucho de nuestra generación».[21]

Los tecnócratas de Jesús están de camino. Aunque la predicación y la enseñanza siempre serán parte de la proclamación de la Palabra de Dios, la generación más artística, más volcada a la comunicación de todos los tiempos, hará uso de una amplia colección de métodos y herramientas para llenar la tierra del «conocimiento de la gloria del Señor» (Hab 2:14, RV60).

Pero lo harán apoyándose en las relaciones, porque esto es lo que desesperadamente necesita un mundo inquieto y abatido.

Capítulo 14

Énfasis en las relaciones

*La cuarta ola de la misión moderna involucrará creyentes de toda edad y nacionalidad dispuestos a evangelizar a todas las personas usando tecnologías innovadoras y **cultivando relaciones** en todas las esferas de la vida, ya que todo creyente será misionero.*

EL MINISTERIO BASADO EN LAS RELACIONES —tanto a través de la tecnología como cara a cara— será la norma en la cuarta ola. Hay muchas razones por las que la evangelización amistosa —dar a conocer las buenas nuevas de forma personal, uno a uno, de corazón a corazón— seguirá siendo común y prevalecerá en el siglo XXI.

El enfoque basado en las relaciones se debe en parte al cambio ocurrido en el personal misionero. Por un largo trecho de la historia, la obra misionera fue realizada sobre todo por hombres que tendían a hacer actividades más formales y estructuradas que las mujeres y los jóvenes. La fuerza misionera actual está principalmente compuesta de mujeres, que basan en gran medida el anuncio de su fe en las relaciones, a las que se están añadiendo cada vez más jóvenes y niños, que operan en el mismo estilo. Otro factor es el viraje a los pueblos de la mayor parte del mundo que viven principalmente en el hemisferio sur y grandes porciones de Asia. Muchas de esas culturas son muy hospitalarias y orientadas a las relaciones —especialmente si se comparan con las culturas europeas y de América del Norte—. Ellas aportarán sus puntos fuertes al avance de la misión mundial.

Por otro lado, la era de la televisión ha creado un mundo de proximidad, cada vez más informal, en el que las estructuras formales parecen rígidas y trasnochadas. La evangelización se ha adaptado siempre a estos cambios culturales. Por ejemplo, la cultura occidental de los siglos XVIII y XIX era muy estructurada debido a la influencia de las normas puritanas y victorianas —y los misioneros de esa época compartían las mismas tendencias—. *El Ejército de Salvación*, fundado en 1865, conocido al principio como Misión Cristiana al Este de Londres, nació en un tiempo en el que se solían admirar los desfiles de ejércitos bien disciplinados. Era natural y culturalmente relevante que William y Catherine Booth pidieran a sus misioneros que vistieran atuendos de tipo militar y cambiaran su nombre por el de «*Ejército de Salvación*» para adaptarse a los tiempos. El siglo XIX admiraba los ejércitos, de modo que los obreros de Dios siguieron el mismo palo.

Cien años más tarde, la televisión ha introducido narrativas individuales y dramas familiares de la vida real en el hogar de la familia media. Los primeros shows televisivos eran bastante rígidos, pero, con el tiempo, las entrevistas se hicieron en cómodas butacas y salones de estar, y comenzó a prevalecer una atmósfera informal. El advenimiento de los *reality shows* (espectáculos televisivos), en los que se ve y se oye a la gente en su medio ordinario y natural, refleja de forma aún más contundente la informalidad en las relaciones. Dos generaciones se han educado en este mundo cada vez más informal y cercano a casa. Es donde ellas viven, los espectáculos que ven y la música que disfrutan.

La iglesia moderna se ha visto obligada a adaptarse a este mundo cada vez más informal. Muchas iglesias se han resistido a cambiar bancos con espaldares rectos por bancos mullidos, y después, por sillas más versátiles y movibles. El templo o santuario solía ser un lugar sagrado que imponía sobrecogimiento y silencio. Hoy puede servir como patio de baloncesto los fines de semana y como círculo de juegos AWANA *(Ministerio que ayuda a padres de familia a criar a sus hijos con valores)* el resto de la semana. Las plataformas improvisadas son comunes, y los pastores enseñan y predican actualmente (en realidad «hablan» y «comparten»), no desde púlpitos formales, sino desde atriles, escabeles, y en salones de estar ambientados —a veces incluyen una representación, pieza satírica o narrativa personal—. La creatividad y las relaciones informales imperan en el siglo XXI.

Esto forma parte de una tendencia general de des-institucionalización de la iglesia para ser más efectiva en nuestro mundo altamente socializado y relacional. Parece que las denominaciones y las estructuras están en franca retirada; las redes y la cooperación predominan. Aunque algunas iglesias asisten a una renovación de las formas o liturgias tradicionales, un segmento más grande se está modernizando para mantener su relevancia en un mundo despreocupado en el que brotan las redes sociales.

La juventud de esta época no conoce otra cultura. Se han criado viendo *Amigos y Oprah*, MySpace y Facebook —y también están atrayendo a padres y abuelos—. Un giro idiomático juvenil, usado en los últimos veinte años con gran fuerza de permanencia, ha sido «Merodeando por lugares predilectos». A los jóvenes les gusta estar juntos. Lo principal son las amistades. Pero en el mundo actual, un lugar predilecto puede ser estar solo, enviando mensajes de texto, hablando por teléfono celular, Skype, salas de chat y muchos otros medios basados en las relaciones.

GodRev.com es una de las muchas páginas web —serán millares en la cuarta ola— creada para tocar la vida de las personas por medio de las relaciones y orar por su desarrollo. Su sitio les permite «ver» conversiones en tiempo real que tienen lugar en todo el mundo a medida que la gente ora y chatea unos con otros.[1]

A continuación presentamos dos relatos misioneros relacionados con la alta tecnología y el contacto fácil (cercano y personal):

El caso de Matt

Matt Rich vive en Cumbria, Reino Unido, y dirige La Misión Internet. Él motiva e instruye voluntarios a tiempo parcial en el uso de la web para evangelizar, con énfasis particular en salas de chat y tablones de anuncios.

Empecé a usar internet para evangelizar a niños en edad escolar. El internet me proporcionó una manera de estar en contacto con los jóvenes cuando estaban solos y no se sentían coaccionados por sus amigos. Un día, mientras oraba para ver si debía seguir haciendo este trabajo, me di cuenta de que el Señor me estaba dando una nueva visión misionera: evangelizar por medio del internet. Hace cuatro años lanzamos la *Misión Internet* y desde entonces he trabajado plenamente dedicado a esta misión.

Hay varios e-vangelistas asociados con esta misión que usan el internet para evangelizar de distintas maneras: páginas web, e-mail, mesas de debate, etc. La mayor parte de mi trabajo consiste en hablar con la gente en salas de chat o en responder preguntas que me hacen a través de nuestro sitio *Por qué Creer*. Nuestro objetivo como misión es extender la obra para ser más eficaces y evangelizar a más personas. Uno de nuestros últimos proyectos es una «Carta para Ti», que es una presentación escenificada del evangelio con una carta que Jesús envía al observador. Al final de la presentación el observador tiene la oportunidad de escribirnos la carta que le hubiera gustado mandar a Jesús. Hemos recibido muy buenas respuestas a través de este proyecto de evangelización online.

Una de las cosas que hemos descubierto es que la gente se puede sentir inhibida hablando cara a cara, pero se suele mostrar a gusto compartiendo sus pensamientos y sentimientos online. Personalmente, he mantenido conversaciones largas y profundas sobre Jesús con gente de muchos países, por ejemplo, Egipto, Irán, China, India, y EEUU. Es particularmente emocionante cuando uno ve a Dios actuar en la vida de alguien, cuando despierta su deseo de mantenerse en contacto y el buscador lo demuestra planteando muchas más preguntas.[2]

El caso de Nathalie

Nathalie supervisa la tutoría online de las diez primeras páginas web de evangelización basadas en París.

Mientras vivía en París, mi corazón ardía por la gente del mundo que vive sus vidas sin el conocimiento de Jesús. Al leer biografías de misioneros me sentí llamada a ser misionera. Un día, después de un servicio religioso vespertino, la voz suave y amorosa del Señor me susurró a través del pastor: «No tienes que salir al extranjero para ser misionera porque todas las naciones están reunidas en París».

Yo no podía imaginarme cuán real sería ese mundo para mí ocho años después de aquel servicio religioso. Actualmente estoy involucrada en la evangelización por internet, y he podido constatar que se toman miles de decisiones para seguir a Cristo, cada minuto, en todo el mundo.

Nuestra herramienta de evangelización por internet se llama *Conocer a Dios*. Opera en siete idiomas. Nuestro objetivo es desarrollar la página web en veintiocho idiomas, en los próximos seis años, para poder lograr 250 millones de visitantes para el año 2020. Mi responsabilidad en el equipo consiste en supervisar a ciento tres consejeros que tenemos en Francia, que hacen seguimiento de gente que necesita ayuda o hace preguntas acerca de Dios y de la fe.

Yo motivo y sirvo a estos hombres y mujeres fieles que entregan gran parte de su tiempo a aconsejar. E incluso hago seguimiento con los que están buscando. Hasta la fecha, he estado implicada principalmente en contactos persona a persona. Aunque no soy muy diestra con la computadora, es decir, no estoy muy preparada técnicamente, disfruto compartiendo online y leyendo muchos testimonios estimulantes. Me digo: «Merece la pena quedarme en Francia y comprobar que una vida tras otra está siendo transformada».[3]

Millones de personas como Matt y Nathalie usarán las maravillas de la moderna tecnología de las relaciones para presentar las buenas nuevas de Jesucristo en los próximos años. Dios aprovechará la cercanía que han generado los medios y la usará para alcanzar a otras personas —a los amigos— para Jesús.

Finalmente, otra razón para fomentar relaciones cercanas y afectuosas es el mundo en que han nacido las generaciones actuales. Esta es una generación quebrantada y herida, marcada por el divorcio, la guerra y los desastres naturales. Son víctimas de la ruptura familiar, han perdido padres por causa del SIDA (sobre todo en África, pero en otros lugares también), y está menoscabada por casi mil millones de abortos en el mundo, en los últimos cuarenta años.[4] Este quebranto, especialmente de la vida familiar, ha generado una profunda añoranza de amistades cercanas e interconectadas y un sentir de dignidad y seguridad que ellas acarrean.

De este anhelo de relaciones ha surgido un doble clamor generacional de *justicia* por los que han sufrido abandono, abatimiento, explotación y opresión, y de *gracia y misericordia* por los que sufren. La Iglesia emergente del siglo XXI está empezando a recibir del corazón de Dios para ministrar estas necesidades de manera práctica. Los ministerios de «justicia» son el enfoque número uno en muchos campus universitarios, y muchas iglesias han empezado a servir a los pobres y necesitados en sus localidades y por todo el mundo. No hay nada más sensible que rescatar a la gente de las cadenas de injusticia y bañarla con el amor y la misericordia de Jesús.

Las necesidades del siglo XXI exigirán una explosión de evangelización personal, de relación, de inmediatez, basada en la justicia y la misericordia, a los solitarios y los sufrientes del planeta. Yo creo que Dios ha preparado especialmente a esta generación de niños y jóvenes para esta inmensa tarea.

Un mundo preocupado, deshecho e interconectado precisa de un amigo, no de una institución o una organización. Los amigos multirraciales de Jesús están llegando a cada esfera de la vida.

Capítulo 15

En todas las esferas de la vida

La cuarta ola de la misión moderna involucrará creyentes de toda edad y nacionalidad dispuestos a evangelizar a todas las personas usando tecnologías innovadoras y cultivando relaciones ***en todas las esferas de la vida****, ya que todo creyente será misionero.*

POR ALGUNOS AÑOS YO PREDIQUÉ UN EVANGELIO INCOMPLETO. No puse a Jesús en el lugar que le correspondía ni representé correctamente el deseo de Dios para las naciones.

Una entrevista que celebré con dos mujeres en 1977 cambió mi perspectiva. A continuación transcribo una historia relatada en mi libro de 1989 *Leadership for the 21st Century: Changing Nations Through the Power of Serving*:

> En el verano de 1977 viajé a San Francisco para pasar unas cuantas horas con dos historiadoras de edad mediana. En el viaje del aeropuerto a la ciudad, la lluvia me atrapó mientras intentaba arañar algún tipo de transporte en una ciudad que sufría huelga de taxis. Embarrado y calado hasta los huesos, llegué finalmente a su bonita casa situada en un barrio pintoresco de esa

hermosa ciudad. Las señoritas Verna Hall y Rosalie Slater,[1] me recibieron en su casa como dos madres, me ofrecieron una toalla para secarme y una magnífica comida en la que charlamos y nos conocimos mejor.

Después de comer y de charlar me mostraron su hogar. Reunía una auténtica colección de muebles antiguos, refinada decoración, arte admirable y ¡montones de libros! En todas sus habitaciones Verna y Rosalie me ofrecieron una lección gratuita sobre aspectos de la historia y la herencia de los EEUU a través de los artefactos, escritos y recuerdos que habían coleccionado con esmero. Yo quedé fascinado ante su presentación y me maravillé de su sabiduría. Después de unos 45 minutos de disertación, Verna me hizo varias preguntas peliagudas. Nunca olvidaré una de ellas.

«Ron», dijo dulcemente y, al parecer, sin presunción, «¿me puede decir por qué nuestra misión cristiana en África, aunque bastante extensa, ha dejado a una mayoría de africanos en la pobreza y bajo el dominio de gobiernos autoritarios?».

Tomado por sorpresa, me esforcé por buscar una respuesta. Era cierto que se había llevado a cabo una amplia obra misionera en muchos países de África. A decir verdad, una gran parte del continente africano estaba más cristianizado que Europa. No obstante, también era verdad que la mayoría de los países africanos estaban aún muy retrasados por lo que a desarrollo económico se refiere, y muchos de ellos padecían gobiernos ásperos e inestables.

¿Por qué seguían viviendo en la pobreza? ¿Por qué eran sus gobiernos tan crueles y autoritarios? Yo no tenía la menor idea. ¿No debería su fe cristiana haberles conducido a ciertos aspectos de bendición económica y libertad democrática? Claramente su fe debería haber marcado una diferencia en sus vidas sobre la tierra.

Yo respondí débilmente que no sabía. Verna no me mantuvo en ignorante suspenso. Cálida y confiadamente (como si hubiera planeado aquella escena) me brindó la respuesta: «La razón por la que tantos cristianos africanos y muchos otros pueblos evangelizados que hay en la actualidad en el mundo siguen viviendo en la pobreza y bajo opresión —me explicó Verna— es porque los misioneros les presentaron un evangelio incompleto. Salvaron sus almas, pero no les enseñaron a aplicar su fe en cada dimensión de la vida. Les dejaron viviendo en la miseria y la crueldad».

Aquella respuesta me petrificó. ¿Un evangelio incompleto? Verna prosiguió su lección maternal mientras visitábamos otras estancias de la casa, tomando el relevo Rosalie cuando Verna hacía una pausa. Después de una última conversación, cómodamente sentados en el salón, les di las gracias por su bondad y su tiempo, y me dirigí a mi siguiente destino.

Algo en mí había quedado pendiente de resolución. ¿Cuál era el llamado de la misión cristiana? ¿No nos había mandado Jesús ir a todo el mundo a ganar almas para él? Después de escuchar a Verna y Rosalie este punto de vista parecía carecer de profundidad y de perspectiva. ¿Era el mensaje del evangelio más amplio que la mera salvación del alma del individuo? ¿Qué *habíamos* sido llamados a hacer al ser enviados a las naciones de la tierra?

En ese momento, y después de aquel encuentro divino, dispuse mi corazón para responder a esa cuestión. Tenía que encontrar una respuesta. Al fin y al cabo yo era misionero.[2]

Jesús y el reino

La respuesta ha surgido en los últimos años gracias a una mayor comprensión del señorío de Cristo y del reino de Dios.

Cuanto mayor me hago y más tiempo paso frente a la Palabra de Dios, más amplio me parece el señorío de Cristo. Una buena parte de nuestra vida creímos que la salvación de Cristo se limitaba a las almas individuales que vendrían al Salvador. En lo más profundo de nuestro corazón no había fe para creer que ciudades y naciones podían ser afectadas y transformadas por las enseñanzas de Jesús.

Por otra parte, la historia nos recuerda que la expansión del evangelio transformó una vez Europa, ayudó a crear la ciencia moderna, conformó en gran manera nociones como los derechos humanos y las sociedades libres, y contribuyó al crecimiento de la clase media y la economía de la libre empresa en Europa y otros países.[3] También dio nacimiento a una sociedad de base cristiana en América del Norte que se está exportando a todo el mundo y está produciendo los mismos efectos. John Micklethwait y Adrian Wooldridge (el uno ateo y el otro creyente) defienden con argumentos sólidos en *God is Back: How the Global Revival of Faith is Changing the World,* que una de las tendencias más importantes del siglo XXI es el florecimiento de la fe cristiana y la libertad en todo el mundo. Aseguran:

> La religión (el cristianismo) y la modernidad van de la mano, no solamente en China, sino en gran parte de Asia, África, Arabia y Latinoamérica. No sólo está floreciendo en muchos países que se modernizan; la religión también está sabiendo utilizar las herramientas de la modernidad para propagar su mensaje. Las mismas cosas destinadas a destruirla —la democracia, la tecnología, el mercado y la razón— se están combinando para fortalecerla. Dios ha vuelto.[4]

En realidad, él nunca se fue. A través de la historia, muchos cristianos que entendieron la singular y divina supremacía de Jesucristo obedecieron su mandato de llevar su señorío y su sabiduría a la vida cotidiana. La iglesia primitiva transformó muchos aspectos de la cultura romana y fundó los primeros hospitales y ministerios de compasión; los eruditos cristianos inauguraron las primeras universidades en la Edad Media; y Juan Calvino y los reformadores suizos transformaron Ginebra en una ciudad centrada en Cristo durante el siglo XVI.[5] Loren Cunningham sostiene en *El libro que transforma naciones* que Noruega, Corea, Fiji y muchos otros países recibieron un beneficioso influjo espiritual, social y económico gracias a que los cristianos llevaron las buenas nuevas a varias dimensiones de la vida.[6]

El propio Jesús dijo a sus seguidores: «Toda potestad me es dada en el cielo y en la tierra. Por tanto, id, y haced discípulos a todas las naciones, bautizándolos en el nombre del Padre, y del Hijo, y del Espíritu Santo; enseñándoles que guarden todas las cosas que os he mandado; y he aquí yo estoy con vosotros todos los días, hasta el fin del mundo» (Mt 28:18-20, RV60). También les encargó que oraran: «Venga tu reino. Hágase tu voluntad, como en el cielo, así también en la tierra» (Mt 6:10, RV60).

Según estos pasajes, el reino de Dios *no es sólo* un lugar futuro. Jesús es el Rey de ese reino ahora y tiene toda autoridad en el cielo y en la tierra. Él desea que su buena voluntad se cumpla lo más posible en la tierra como en el cielo (para bendecir y beneficiar a la gente). Y él quiere que enseñemos a las naciones y se hagan discípulos.

Discipular a las naciones

Otro Mateo —Matthew Henry— respetado comentarista bíblico y ministro presbiteriano, a fines del siglo XVII y principios del XVIII, dio esta excelsa definición de la Gran Comisión:

> ¿Cuál es la intención principal de esta comisión? Discipular a todas las naciones, hacer todo lo que uno pueda para que las naciones sean cristianas…, ir y enseñarlas. Cristo el Mediador está estableciendo un reino en el mundo, guiando a los países a ser sus súbditos; estableciendo una escuela, guiando a las naciones a aprender de él; levantando un ejército para proseguir la guerra contra los poderes de las tinieblas; reclutando las naciones de la tierra bajo su estandarte. La obra de los apóstoles consistió en establecer la religión cristiana en todas partes. Fue una obra honorable; los logros de los grandes héroes del mundo no son nada en comparación. Éstos conquistaron las naciones para ellos mismos y las hicieron sufrir. Pero los apóstoles las conquistaron para Cristo y las hicieron felices.[7]

¡Qué concepto tan hermoso: discipular y enseñar a naciones enteras! O ver que países enteros son influidos y transformados por el poder de las buenas nuevas de Cristo. Isaías tuvo esta visión profética cuando exclamó: «Levántate, resplandece; porque ha venido tu luz, y la gloria de Jehová ha nacido sobre ti. Porque he aquí que tinieblas cubrirán la tierra, y oscuridad las naciones; mas sobre ti amanecerá Jehová, y sobre ti será vista su gloria. Y andarán las naciones a tu luz, y los reyes al resplandor de tu nacimiento» (Is 60:1-3, RV60).

¡Qué visión más amplia de la función de la iglesia sobre la tierra! Dios que quiere su luz —que radica en la persona, la salvación y las enseñanzas de Jesucristo—transforme vecindarios, ciudades y países. Esos cambios no instaurarán nunca el cielo en la tierra, pero pueden señalar extraordinariamente la dirección correcta. Después de la muerte y resurrección de Jesús, la autoridad de Dios para cumplir esta tarea descansó plenamente sobre el Señor. Él mandó a los suyos que fueran a hacer discípulos de todas las naciones, enseñándoles todo lo que Jesús les había mandado. El efecto práctico de este mandato llevaría a países enteros bajo su influencia y su poder liberador. No sólo debían ser salvas las personas. Naciones enteras podían ser enriquecidas y liberadas a través del poder de su Espíritu dador de vida.

El énfasis actual en el señorío de Cristo, el reino de Dios y el discipulado de las naciones es un bienvenido avivamiento de la verdad que muchos están descubriendo. Darrow Miller ha escrito dos libros acerca de este tema: *Discipulando naciones: El poder de la verdad para transformar culturas,* que ofrece una teología del cambio en los países cristianos, y *Vida, trabajo y vocación: Una teología bíblica del quehacer cotidiano,* que acentúa la importancia personal de que todo creyente use los dones que ha recibido de Dios para dedicarlos a la misión y a la transformación del país.[8] Vishal Mangalwadi, natural de la India, nos dice en su *Verdad y transformación*: que ha llegado el momento de que la Iglesia recupere y desate el poder de las buenas nuevas para transformar el quebranto que abunda en nuestro tiempo.

A fines de los años ochenta y principios de los noventa, Dominion Press produjo la *Serie Plan Bíblico* en nueve volúmenes, que trata de la aplicación de la cosmovisión cristiana a muchas esferas de la vida. Más recientemente, Juventud con una Misión ha producido un libro comprehensivo sobre el tema titulado *His Kingdom Come: An Integrated Approach to Discipling the Nations and Fulfilling the Great Commission.*[10] Organizaciones como los ministerios DAWN y Call2All están ayudando a los creyentes a aplicar estos principios en sus vidas personales.[11]

La vida y la enseñanza de Jesucristo han hecho más para cambiar el mundo en los últimos dos mil años que cualquier otra influencia en la historia. Como señalan Micklethwait y Wooldridge, esa tendencia debe continuar en el siglo XXI si la Iglesia reorienta su vida y su misión en torno a la supremacía de Jesús y la centralidad de su reino.[12]

Los dominios o esferas de la sociedad

En el verano de 1975, Loren Cunningham, fundador de Juventud con una Misión, pasó un tiempo con su familia en una cabaña, en el estado de Colorado. Aprovechó unos días para buscar a Dios y pedirle dirección para el futuro.

Un día recibió una impresión o idea para involucrar a todos los cristianos en la obra misionera. Y repasó mentalmente una lista de siete puntos que después se conocerían como *las siete esferas de la sociedad.* Él creyó que Dios le revelaba estas categorías para ayudar a la Iglesia a entender su misión de influencia en las naciones. Anotó las ideas en un pedazo de papel y se lo guardó en el bolsillo.

Al día siguiente, Loren y su esposa Darlene se entrevistaron con Bill y Vonette Bright, fundadores de Cruzada Estudiantil para Cristo. En la reunión, Bill confió a Loren que Dios le estaba mostrando varias maneras de cambiar un país. Loren escuchó atónito mientras Bill le hablaba de las áreas de la sociedad que influyen en la vida de un país. Loren sacó el trozo de papel de su bolsillo y se lo enseñó a Bill. Las listas eran casi idénticas.[13]

Esta comprensión de las esferas de liderazgo o dominios de la sociedad se ha ahondado desde aquel verano. Actualmente incluye las siguientes categorías:

- Familia
- Religión
- Educación
- Medios (públicos de comunicación)
- Celebración (artes, entretenimiento y deportes)
- Economía (empresas, ciencia y tecnología)
- Gobierno/Estado

Los dominios (esferas) principales de la sociedad no fueron bien entendidos por la iglesia, en general, a través de la historia. Pero en los últimos años esto ha empezado a cambiar, y a medida que nos vamos adentrando en el siglo XXI, esta perspectiva está destinada a ser uno de los pilares más importante de la evangelización moderna y de la misión.

¿Cómo se cambia una nación? Entendiendo las diversas esferas de la sociedad que actúan en la cultura humana, y cómo esas esferas operan independiente y conjuntamente. Echemos un vistazo a esta importante área que llamaremos *esfera de la soberanía.*

Esfera de la soberanía

En Romanos 13, versículos 1 y 2, Pablo nos ofrece la siguiente perspectiva: «Sométase toda persona a las autoridades superiores; porque no hay autoridad sino de parte de Dios, y las que hay, por Dios han sido establecidas. De modo que quien se opone a la autoridad, a lo establecido por Dios resiste; y los que resisten, acarrean condenación para sí mismos» (RV60).

Pablo habla en este pasaje de un hecho básico de la vida, esto es, que Dios ha establecido muchas autoridades, o esferas de liderazgo, en la sociedad humana. No hay una sola autoridad, hay muchas. Todas ellas han sido establecidas por «decreto», y por la sabiduría de Dios, y son obviamente necesarias para garantizar el orden y el control. El pasaje de Romanos 13 menciona la autoridad establecida de los gobiernos civiles, pero en un contexto en el que Dios es el autor de las diversas esferas de autoridad.

A través de la Biblia, y en nuestra experiencia cotidiana, reconocemos la realidad de múltiples esferas de influencia o autoridad. Distinguimos la autoridad suprema de Dios. Se nos anuncia la autoridad celestial de los ángeles. Reconocemos la autoridad del individuo, en su variedad de talentos, gracias y dones. Estamos acostumbrados a la autoridad de los padres, la autoridad de la iglesia, y los varios niveles de gobierno civil, desde el consejo escolar a los cuerpos nacionales de gobierno. También estamos familiarizados con muchas otras áreas de influencia social, como los medios de comunicación, las artes, la empresa y el comercio, la educación y otras.

Las diversas esferas sociales de autoridad son únicas e independientes, pero también se combinan para formar el tapiz de la cultura humana. La soberanía de Dios reina sobre todas ellas, y a todas ellas debemos particular honor, respeto u obligación. Entender claramente la vida es discernir estas distintas esferas y sus relaciones mutuas bajo la soberanía de Dios. Si nos relacionamos y vivimos con y en ellas según el designio de Dios, cada una de estas esferas llegará a ser un baluarte de orden, libertad y bendición.

Guillaume Groen van Prinsterer, natural de los Países Bajos, cristiano devoto, pensador y político, quien vivió en la primera mitad del siglo XIX, fue el primero en usar la frase «souveireiniteit in eigen sfeer» —soberanía en su propia esfera— con respecto a las múltiples autoridades de la vida. Su perspectiva fue fundamentalmente la relación entre las esferas de la iglesia y el estado.[14]

Él sintió una gran carga por la educación y desempeñó altos cargos en el gobierno. No obstante, fue básicamente como un general sin ejército, y le tocó a su protegido espiritual desarrollar cabalmente y ampliar el concepto. Su sucesor fue Abraham Kuyper.

Kuyper no sólo fue un gran pensador, sino también un hombre de estado, ya que fue parlamentario varios años y primer ministro de los Países Bajos de 1901 a 1905; fue también periodista y editor del diario *De Standaard* por más de cuarenta años; educador —fundó la Universidad Libre de Ámsterdam en 1880. Tituló su discurso inaugural, pronunciado el 20 de octubre de 1880, «Soberanía en todas las esferas de la vida»—; pastor y teólogo de la Iglesia Reformada Holandesa; y prolífico escritor, autor de numerosos libros en un periodo de cincuenta años.

¿Cuál fue la motivación que guio a Kuyper? En sus propias palabras:

> La pasión dominante de mi vida... ha sido ésta: Que a pesar de toda la oposición mundana, las santas ordenanzas de Dios vuelvan a ser establecidas en el hogar, la escuela y el Estado para el bien de la gente; esculpir, por así decirlo, en la conciencia de la nación los estatutos del Señor, de los que dan testimonio la Biblia y la creación, hasta que esta nación vuelva a rendir homenaje a Dios.[15]

Kuyper creía que toda la vida estaba bajo la autoridad de Dios y el señorío de Jesucristo. Enseñó que Cristo vino a la tierra para redimir *todos* los aspectos de la caída, todos los elementos de la sociedad y de la cultura humana. Dijo: «Descubrí que la Santa Escritura no sólo nos permite hallar justificación por fe, también nos revela el fundamento de toda vida humana, las santas ordenanzas que deben gobernar toda existencia humana en la Sociedad y el Estado».[16]

Fue Abraham Kuyper quien empezó a divulgar con gran autoridad y pragmatismo la idea de la «soberanía de las esferas sociales», que él solía dividir en siete esferas. En todas ellas, el gobierno y el Estado no pueden imponer sus leyes, sino que deben respetar las leyes innatas de la vida. Dios gobierna en estas esferas, de manera tan suprema y soberana como ejerce dominio en la esfera del propio estado, a través de sus magistrados elegidos.

He aquí el concepto importante: Dios es el Soberano Supremo, y toda otra autoridad ha sido por él *delegada*. Existen varias jurisdicciones de liderazgo o autoridad en la tierra, todas ellas son directamente responsables ante Dios, y fueron diseñadas para operar independiente y complementariamente unidas. El Estado, o gobierno civil, es la esfera en la que los oficiales o magistrados deben operar conforme a los principios de justicia de

Dios (Romanos 13). Pero son esferas de la vida completamente independientes de la autoridad del Estado, aunque responsables ante Dios.

Las siete esferas de la sociedad

Una de las pasiones ardientes de la cuarta ola será implantar la vida de Cristo y su reino en las siete esferas de la sociedad. La última ola de líderes y reclutas misioneros no limitarán su actividad a la salvación de las almas. Portarán el pleno mensaje de salvación y liberación de Cristo a toda área de la vida humana. He aquí un gráfico de las siete esferas que penetrarán:

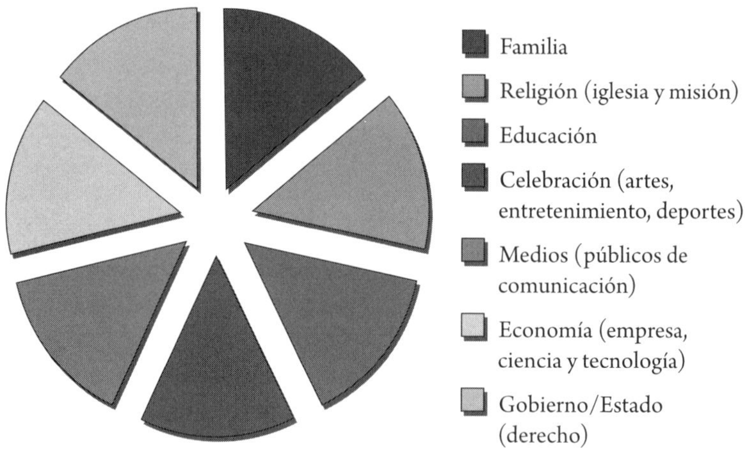

Fuente: Stuart Simpson, www.thefourthwave.org

Landa Cope, directora del *Template Institute* de la Universidad de las Naciones en Burtigny, Suiza, quien también ha despertado bruscamente al deseo divino de discipular naciones,[17] hace la siguiente descripción del propósito de las siete esferas.[18]

Familia. El propósito de la familia es proporcionar un medio seguro, de crianza y nutrimento para que la próxima generación crezca, aprenda valores y se desarrolle. Es el bloque más pequeño del edificio de la sociedad humana. Abarca grandes asuntos, como el amor, la disciplina, exhibir el pensamiento de Dios, preparar la vocación de los hijos, y el amor del marido que establece el tono del hogar.

Religión (iglesia y misión). El orden eclesiástico debe representar a Dios en el mundo y discipular a todos los creyentes en la naturaleza plena y el carácter de Dios y su Palabra aplicada a sus obras y al camino de la fe. Deben facilitar la expresión de la fe en el culto de adoración y los sacramentos de la iglesia, y ser un modelo moral de las normas absolutas de la verdad de Dios.

Educación. Promover el desarrollo de los dones divinos de cada niño para servir a sus semejantes y a la sociedad, creyendo que todo niño ha sido dotado por Dios y tiene derecho a que sus dones se desarrollen hasta alcanzar su pleno potencial. Abarca grandes asuntos, como un proceso integral basado en los valores con la implicación y el apoyo de la familia.

Celebración (artes, entretenimiento, deportes). Proporcionar descanso, renovación y restauración al alma por medio de la belleza y el gozo.

Medios (públicos de comunicación). Proporcionar información veraz, objetiva y relevante para la sociedad en general, para que los ciudadanos puedan tomar decisiones bien informadas.

Economía (empresa). Desarrollar una economía en la que se provean bienes y servicios necesarios con empleo remunerado y un salario y precio justo de mercado. Abarca grandes asuntos, como ganancia honesta, dignidad para los pobres, integridad de la mano de obra, administración de los recursos y conciencia comunitaria.

Economía (ciencia y tecnología). Descubrir y aplicar las leyes de Dios para bendecir a todas las personas, procurar un mejor nivel de vida, mejor salud, y mejor mayordomía de todos los recursos naturales de Dios. Abarca grandes asuntos, como prevención de la enfermedad, investigación y mayordomía.

Gobierno/Estado. Administrar y garantizar la justicia y la equidad para todos los ciudadanos, incluidos el poder ejecutivo, judicial, militar, las fuerzas de seguridad del estado y los servicios centrales comunitarios. Abarca grandes asuntos, como justicia para el débil y el que no tiene voz en la sociedad, entre los que están los niños, las mujeres y los inmigrantes.

La cuarta ola de la misión moderna incluirá millones de personas que dedican sus dones y talentos para exaltar a Jesús en las siete esferas y extienden su reino por las naciones de la tierra. Todas las profesiones serán consideradas *canales de misión*. No habrá tal cosa como misioneros profesionales y cristianos comunes.

En este mover edificante del Espíritu Santo:

- Los creyentes misioneros vivirán las enseñanzas de Cristo en sus familias, considerarán el cuidado del hogar una misión vital, y trabajarán para redificar la unidad familiar en naciones y culturas donde la familia se ha quebrado y es disfuncional. *Cristo es el Señor de las familias.*
- En la iglesia, el sacerdocio de todos los creyentes se volverá a subrayar a medida que los quíntuples líderes misionales de la Iglesia (actuales apóstoles, profetas, evangelistas, pastores y maestros) instruyen a su gente para ser sal y luz en cada puesto de trabajo y empresa (Ef 4:11-13; Mt 5:13-16). La Iglesia responderá proféticamente a todos los grandes asuntos actuales y guiará al mundo en compasión y cuidado por los quebrantados. *Cristo es el Señor de la Iglesia.*
- Los maestros misioneros usarán el ámbito de la educación para vincular a los alumnos con el destino que Dios les ha concedido y les enseñarán su sabiduría y sus caminos. La educación volverá a estar basada en el hogar donde los padres vigilan la instrucción intelectual y moral de sus hijos. *Cristo es el Señor de la educación.*
- Bailarines, artistas, fotógrafos, cineastas, narradores, y atletas aprovecharán el maravilloso ámbito de la celebración para magnificar la belleza y la magnificencia de Dios y mostrar a la gente el camino al Creador. Toda clase de destreza artística y atlética se considerará talento misional para animar a la gente. *Cristo es el Señor de la celebración.*
- Empresarios y trabajadores misioneros considerarán su profesión como llamado divino y sus destrezas señalarán a Cristo. Los científicos emplearán sus conocimientos y su sabiduría para glorificar a su Hacedor y descubrirán sus secretos para beneficio de la gente. Los médicos y enfermeras considerarán que su servicio es un llamado divino a sanar cuerpos y almas. Las políticas económicas de las naciones reflejarán los principios divinos. *Dios es Señor de la economía.*
- Los funcionarios del estado, misioneros a todos los niveles, se considerarán representantes de Dios para dispensar

> imparcialmente justicia y garantizar el imperio de la ley. Los profesionales que responden en situaciones de emergencia se considerarán protectores de vanguardia de los derechos que Dios ha concedido a la gente. Los soldados defenderán la libertad contra sus muchos adversarios. *Cristo es el Señor del estado.*

Los misioneros de la cuarta ola no harán división entre lo sagrado y lo secular. Considerarán que todos los aspectos de la vida están sometidos a la autoridad de Dios y que necesitan el amor, la gracia, la sabiduría y la bendición disponibles para todo seguidor de Cristo. Su motivo será servir como él lo hizo. Lo harán, no dentro de los límites de un templo o santuario, sino en todo lugar donde habiten personas.

Haciendo esto, naciones y culturas enteras podrán cambiar por el poder del Espíritu Santo. No todas las personas serán salvas, porque eso es cuestión de elección personal, y muchos escogerán la senda ancha que lleva a la perdición (Mt 7:13). Pero países y tribus enteras experimentarán la sal y la luz de la Iglesia despierta y volcada a la misión.

Los amigos de Jesús se están manifestando en cada esfera de la vida. La clave de esta subida de marea radica en que todo creyente será misionero.

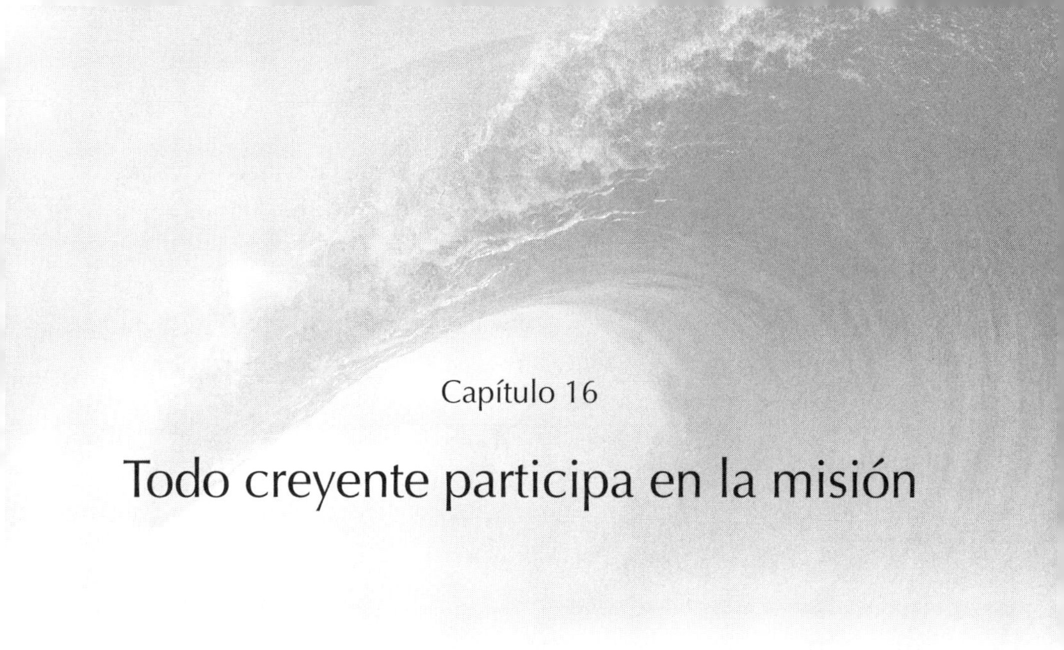

Capítulo 16

Todo creyente participa en la misión

La cuarta ola de la misión moderna involucrará creyentes de toda edad y nacionalidad dispuestos a evangelizar a todas las personas usando tecnologías innovadoras y cultivando relaciones en todas las esferas de la vida, ***ya que todo creyente será misionero.***

HEMOS HECHO UN BREVE RECORRIDO por la historia de la misión, y recordado las olas antiguas de salvación del Antiguo Testamento, de la Iglesia Primitiva, la expansión de la Iglesia en la Edad Media, y las tres olas de la misión moderna hacia las costas, el interior y los pueblos no evangelizados del mundo.

Ha comenzado a surgir la cuarta ola de la misión moderna que parece más grande que el resto. Tiene que serlo. Hay miles de millones más de almas sobre la tierra que en épocas anteriores. Las necesidades son más grandes, las oportunidades históricas, y un mundo roto está esperando oír la verdadera esperanza y el amor genuino que sólo se hallan en Jesucristo.

Yo creo que en la cuarta ola de la misión moderna Dios llama a todo *creyente sobre la tierra a ser misionero en el siglo XXI.* Guiados por millones de nuevos creyentes de países de la mayor parte del mundo, cada uno de nosotros puede y debe considerarse llamado a cumplir una misión como cristiano mundial que puede

- orar concreta y apasionadamente por uno o varios países;
- adoptar personalmente un grupo étnico no evangelizado para orar y comprometerse con él;
- apoyar iglesias y obreros en el grupo étnico de su elección;
- dedicar sus vacaciones a la misión en su ciudad o país de adopción;
- entregar varios años o toda una vida a vivir en un país o con un pueblo que Dios ponga en su corazón.

Si millones de cristianos adoptaran personalmente un grupo étnico inalcanzado, o se comprometieran a influir en una de las cuatro mil Zonas Omega del Proyecto 4K, entonces la meta de la Gran Comisión resultaría enormemente cercana. Este es el potencial del efecto tsunami de la cuarta ola:

Todo creyente sobre la tierra tomará el territorio de su misión personal para asegurar el avance del reino de Dios.

Somos la primera generación de la historia que tiene el conocimiento y las herramientas necesarias para evangelizar a toda persona en todo país del mundo. En el pasado,

- los cristianos no eran plenamente conscientes de todas las masas no evangelizadas que había en el mundo y no disponían de tecnología para alcanzar a todos en todas partes;
- solo un segmento relativamente pequeño de la población mundial tenía oportunidad de implicarse en la fuerza misionera global de Cristo;
- era muy difícil viajar para visitar muchos países y pueblos del mundo;
- las enfermedades frecuentes segaban la vida de muchos misioneros o impedían que éstos salieran al campo;
- la pobreza generalizada impedía que muchas personas tomaran parte en la evangelización del mundo;

- había poco espacio para las mujeres, los jóvenes y los niños;
- las funciones del misionero se limitaban mayormente a profesionales plenamente dedicados.

Pero en la cuarta ola muy pocas restricciones seguirán en vigor. Desde luego, en muchos países la pobreza y la falta de oportunidades seguirán representando un desafío. También es cierto que aún harán falta muchos misioneros transculturales para dirigir la carga del compromiso total.

No obstante, creo que Dios abrirá camino para que todo creyente sea misionero. Porque cuando uno pone seriamente manos a la obra —especialmente en un tiempo en el que se ofrecen tantas maneras creativas de participar en la misión—, realmente todo se reduce a tener un corazón misionero.

Cualquiera que tenga pasión por la misión será capacitado por Dios para captar la cuarta ola.

Los apuntes siguientes le pueden servir de inspiración.[1]

Larry es un jugador de baloncesto que tenía problemas con su valía e identidad personal en su isla nativa de Puerto Rico. Dios protegió su vida y le permitió hacer obra misionera de temporada en las Filipinas, en donde conoció a su esposa Richelle. Su joven familia trabaja actualmente en otro país asiático en el que Larry entrena y está formando un equipo de baloncesto profesional que se valga del deporte para atraer a la juventud a Cristo. Él tiene la visión de ministrar a largo plazo a través del deporte y la empresa en ese país. *Larry es misionero.*

Nancy es una jubilada estadounidense que luchó contra la depresión. Cuando Dios le dio una carga por el pueblo romaní (gitano) en Europa, especialmente en Rumania, ella empezó hacer viajes cortos para visitar al pueblo por el que estaba orando, para enseñarles algunas habilidades prácticas y compartir su fe. Nancy opera actualmente una página web dedicada a evangelizar y bendecir a los romaníes. *Nancy es misionera.*

Bandhu y Pooja (nombres ficticios) nacieron y se criaron en la India y decidieron trasladarse a África para enseñar a los niños musulmanes y ayudarles a mejorar sus oportunidades educativas en la vida. Abrieron una escuela en una aldea pobre y están involucrados en varios proyectos humanitarios y de evangelización, principalmente en favor de un grupo étnico musulmán no evangelizado. Sus dos hijos nacieron en África.

Bandhu y Pooja son misioneros.

Chris es un fanático de las computadoras y empresario que deseaba emplear su experiencia para ayudar en la misión. Junto con otros socios, formó una empresa que pronto establecerá granjas de algas en el sudeste de Asia para producir biocombustible y proporcionar empleos a los nativos. Su corazón está en aprovechar la empresa, sus beneficios, y las relaciones que se formen por ese medio para compartir a Cristo con el pueblo del país adoptado. *Chris es misionero.*

Enkhsuren nació en el seno de una familia mongola pobre. De niña sufrió abusos, secuelas del alcohol y muchas noches gélidas a la intemperie. Era conocida en la escuela como la «niñita triste». A los catorce años, oyó el evangelio de boca de un grupo infantil de artes escénicas y entregó su vida a Cristo. Después de titularse en Mongolia, sirve actualmente como misionera transcultural en los EEUU y ha hablado de su fe en varios países. A los veintiséis años sueña con evangelizar etnias y hacer discípulos en su país. *Enkhsuren es misionera.*

Bill se hallaba en la edad media de la vida, sus hijos ya estaban criados y buscaba algo nuevo que hacer. Él siempre había sentido una carga por el gobierno y la política, e incluso había escrito un libro sobre el tema. Después que su hija regresara de un viaje de verano a Kosovo, se le abrió una puerta para viajar a este país y enseñar en un curso sobre la concepción cristiana de la ciencia política. Unos mil estudiantes asisten actualmente a sus clases en una universidad puntera del país. *Bill es misionero.*

Yo creo que en la cuarta ola emergente de la misión moderna se añadirán muchos creyentes como éstos que adopten grupos étnicos para ofrecerles atención personalizada, orar por ellos, apoyar la fundación de iglesias y la obra misionera en su entorno, y usar sus talentos y dones de muchas formas misionales para completar la Gran Comisión.

Ellos empezarán por *su* Jerusalén (su hogar), pero se extenderán a otras Samarias y Judeas cercanas (su estado/provincia y país). Y también tendrán compasión de los «extremos de la tierra» porque Jesús les encargó hacer discípulos de todas las naciones.

Ellos orarán, darán e irán porque otros les han precedido. Tendrán éxito porque el mundo es alcanzable y Dios estará con ellos. Usarán todas las herramientas que el mundo moderno ha puesto a su disposición. Ellos pueden ser la generación más grande o la última de la misión cristiana.

Este no es tiempo para ignorar la historia y perderse la ola. Agarre su tabla (sus dones, talentos y pasiones), diríjase a la playa (su vecindario, el otro extremo de la ciudad o del mundo), y encarámese sobre esa ola. Se dirige a la última playa.

«Y este evangelio del reino se predicará en todo el mundo como testimonio a todas las naciones, y entonces vendrá el fin» (Mt 24:14).

Están llegando los cristianos mundiales. En la cuarta ola todos pueden ser misioneros. ¿Será usted uno de ellos?

Parte 4

Un tsunami espiritual

«¡Dios tiene hoy grandes planes para el mundo! No se conforma con establecer un puñado de iglesias que luchen por sobrevivir en cada lengua, tribu y nación. Está preparando y capacitando a su Iglesia para llevar la semilla del avivamiento hasta los confines de la tierra».

—David Smithers

«¿Que no fue llamado, dice? Yo creo que debería decir que no oyó su llamada. Aplique su oído a la Biblia y oiga su mandato de ir a rescatar pecadores del fuego del infierno. Aplique su oído al corazón abrumado y agonizante de la humanidad y escuche su gemido lastimero pidiendo ayuda. Póngase a las puertas del infierno y escuche la súplica que le hacen los condenados para que visite las casas de sus padres y ruegue a sus hermanos y hermanas, amos y siervos, que no vayan allá. Y luego, mire a Cristo a los ojos, cuya misericordia ha profesado obedecer, y dígale si va a entregar su corazón, alma, cuerpo y circunstancias a la empresa de anunciar su misericordia al mundo».

—William Booth

Capítulo 17

¿Cómo puedo subirme a la ola?

Es difícil vaticinar con exactitud la historia. Sublevaciones, recesiones y depresiones económicas mundiales aún más graves pueden influir en las predicciones hechas en este libro. Tampoco sabemos exactamente qué países y qué pueblos se pondrán a la vanguardia de esta ola emergente de misiones. ¿Cuánto depende del humano libre albedrío? ¿Qué porción está decidida y determinada por el plan soberano de Dios?

Lo que sí sabemos es que la cuarta ola de la misión moderna ya ha comenzado. Nuevas caras, razas, nacionalidades y métodos se están empleando para llamar a la gente a Cristo. Esta nueva ola del Espíritu de Dios parece tener una gran fuerza integradora, como explican Sidle y Lewis:

> «La antigua definición de misión —el envío imperialista de misioneros por la iglesia occidental a lugares remotos— ya no es viable. Misión es todo aquello que la iglesia local-global envía al mundo para ser y hacer como participante en la misión de Dios y toda persona y don que la iglesia local-global recibe en el nombre y a la manera de Cristo. La obra misional de la iglesia local-global debe ser integral, e incluir actividades como la evangelización, el servicio compasivo y la justicia social».[1]

La iglesia misional

Las iglesias locales de cada país del mundo ya no deben pensar que la misión es sencillamente sostener obreros en el extranjero o salir a otro país. La «misión» o las «misiones» deben ser la *actitud misional* de usar todos los medios y recursos para evangelizar a toda persona en todo lugar. La iglesia local debe ser misional en su vecindario, en su provincia o nación, y en su implicación global. La misión no es algo que hacemos, es lo que somos, basándonos en la comisión de Jesús. Sidle y Lewis creen que es imperativo que la Iglesia reconozca su función misionera con Dios, a través de Dios y por el poder de Dios. Debemos tener la «mente de Cristo» y oír lo que Dios está diciendo a la iglesia.[2]
Las iglesias locales de todos los países deben saturarse de esta actitud misional en todo grupo pequeño, escuela dominical, servicio corporativo y oportunidad de instruirse. Las iglesias locales deben verse a sí mismas como «células» vivas que multiplican su vida a nivel local y general. Esta nueva percepción de destino global debería producir gran crecimiento y renovación en las iglesias de Dios en muchos países del mundo.

Re-enfoque la educación

Las facultades, las universidades y los seminarios cristianos deben también «recargarse» para ocupar su lugar en la cuarta ola. Deben animar a sus alumnos a pensar globalmente y canalizar sus talentos para usarlos en el reino progresivo de Dios en cada esfera de la vida. Los estudiantes cristianos de hoy deben aprender a pensar como misioneros fotógrafos, maestros, científicos, programadores, cineastas, mecánicos, constructores, abogados, médicos, parlamentarios, y como miembros de cualquier otro gremio y profesión. Se les debe enseñar a orar fervientemente para descubrir dónde usar sus destrezas para Cristo en uno de los 238 países, o entre los miles de grupos étnicos que hay en el mundo. Han nacido para este tiempo de misión global.

Los educadores deben motivarles a ocupar su puesto. Deben animar a sus alumnos a examinar sus vidas desde una cosmovisión cristiana comprehensiva referente a su vida y vocación. Deben rociar el trabajo del curso con historias misioneras modernas de personas que están usando sus talentos para Dios y el avance de su reino. Y pueden orar y exhortar a sus estudiantes a «ir a todo el mundo» para completar la Gran Comisión.

Ore por un avivamiento global

Dado que el progreso misional se proclama en los nuevos avivamientos del pueblo de Dios, en el poder y la eficacia de la oración, en la importancia de la unidad y en el uso de modernas tecnologías y estrategias divinas, todo seguidor de Cristo debe procurar cooperar con Dios en estas áreas vitales como nunca antes. Debemos orar por un gran avivamiento mundial del pueblo de Dios. Debemos apoyar y estimular movimientos crecientes de oración. Debemos pasar por alto toda barrera denominacional u organizativa que aún existe y promover la unidad en el cuerpo de Cristo para evangelizar el mundo. Y debemos estimular el desencadenamiento de un espíritu cristiano misional, emprendedor, para la gloria de Dios.

Pase la antorcha

Ésta es también una época histórica para que los cristianos occidentales pasen la antorcha de la evangelización mundial a sus hermanos y hermanas de la mayor parte del mundo. Ello no significa que los occidentales no tengan que desempeñar ningún papel, sino más bien que reconocemos que se está pasando el testigo (relevo) a los africanos, latinos, isleños y asiáticos para que ocupen su lugar en el plan soberano de Dios. Oraremos por ellos, les apoyaremos, aprenderemos de ellos y nos uniremos a ellos para cubrir los últimos campos de cosecha. Deseamos que China e India sean libres para enviar millones de obreros. Deseamos que los africanos y los latinos vayan por todo el mundo. Esta es su hora, la oportunidad que Dios ha dispuesto. Nosotros debemos ser sus defensores y sus colaboradores agradecidos.

¿Dónde comenzar?

Hay varias áreas en las que cada creyente puede participar y apoyar plenamente la cuarta ola de la misión moderna:

Infórmese acerca de la tarea inacabada de la evangelización mundial. He aquí algunas páginas web de amplio alcance:

- www.joshuaproject.net
- www.finishthetask.com
- www.call2all.org
- www.wycliffe.org
- www.imb.org
- www.operationworld.org
- www.uscwm.org

Si usted no dispone de acceso a internet, considere la posibilidad de adquirir una copia de *Operación Mundo*, de Jason Mandryk.[3] Hace años que leo este manual todos los días para conocer países (o, si se trata de países más grandes, sus estados o provincias) para interceder regularmente por ellos. El conocimiento es verdadero poder para con Dios en el siglo XXI (Pr 8:14).

Asista a un curso de *Perspectivas sobre el movimiento cristiano mundial en su localidad.*[4] Organizado por el Centro Estadounidense de Misión al Mundo, en 1974, este curso de primera línea, de quince semanas sobre la misión global, ha ayudado a muchos miles de creyentes a desarrollar una pasión por alcanzar a aquellos por quienes Cristo murió.

Adopte personalmente a un pueblo o país no evangelizado. Tal vez no pueda ir a servir en ese país a largo plazo, pero puede interceder fervientemente por un pueblo y participar en su cosecha espiritual haciendo viajes de temporada o apoyando a otros que trabajan allí. Esta es la clave de la cuarta ola. Todo cristiano puede ser misionero si elige dedicar su tiempo, su atención y sus oraciones a una tribu, ciudad o país inalcanzado en otra parte del mundo. Dios le mostrará formas creativas de involucrarse en su evangelización.

Motive a su grupo de jóvenes, grupo pequeño, o la Iglesia entera a adoptar y comprometerse con un pueblo no evangelizado. Solo este paso insuflaría vida y vitalidad a muchas iglesias por doquier. Hace algunos años animé a una congregación local de nuestro distrito a adoptar un grupo étnico inalcanzado en África. En los últimos diez años esa iglesia ha enviado equipos, obreros, dinero, suministros y hecho una importante contribución para evangelizar y fundar iglesias en este pueblo escogido. Su compromiso ha revitalizado su iglesia y les ha dado un enfoque fuera de sí mismos. Todo grupo pequeño y grupo de jóvenes puede experimentar lo mismo si adoptan un pueblo en otra parte del mundo por el que orar y con quien compartir el amor de Cristo.

Ore para que China sea un país libre. Esta es una de las oraciones más estratégicas que usted puede hacer en el siglo XXI. China está destinada a ser una nación fundamental en la evangelización del mundo, especialmente con su visión de iglesias en casas para volver a llevar el evangelio a Jerusalén (el movimiento Regreso a Jerusalén). Micklethwait y Wooldridge afirman que si alguna vez se produce la democratización de China, ello podría ocasionar uno de los más grandes incrementos del cristianismo en la historia.[5] Argumentan que la democracia consiste en el «descubrimiento de la voz» de un pueblo, y que el pueblo chino «quiere hablar de Dios».[6] Ore fervientemente para que la libertad penetre en toda realidad china y su vasta población —y que Dios les use para liderar la cuarta ola.

Ore para que China e India se asocien en la misión global. A estas dos naciones más populosas de la tierra les corresponde desempeñar un papel fundamental en la dinámica del siglo XXI. Una alianza entre las iglesias de ambos países para enviar misioneros por todo el mundo para predicar el evangelio provocaría un efecto profundo en nuestro tiempo.

Dedique su talento o vocación a la misión. ¿Ha estudiado y se ha preparado usted para ser empresario, maestro, médico o enfermera, ingeniero, carpintero o programador informático? Considere desplegar su talento en su país adoptivo para ayudar a cubrir necesidades humanas y compartir las buenas nuevas. Las destrezas profesionales y las empresas comerciales abren muchas puertas para el servicio misionero. En épocas pasadas, era difícil para la mayoría ir, pero en el mundo actual sólo se requiere, en muchos casos, obtener un visado y un boleto de avión para servir en el campo de misión.

Apoye la misión local e internacional. Muchas urbes están maduras para ser blanco de campañas y actividades misioneras de todo tipo. En el mundo occidental, servir en las ciudades y a las diversas comunidades étnicas supone una maravillosa experiencia y oportunidad misionera transcultural. También puede usted apartar una porción de sus ingresos para dedicarlos a los ministerios locales e internacionales que cubren necesidades humanas y comparten la verdad de Cristo. ¡Dé generosamente! Su dinero va donde está comprometido su corazón (Mt 6:21).

Una historia personal

Como individuos, debemos aceptar nuestro llamado misionero del siglo XXI y dedicar nuestras oraciones y vida al grupo étnico o país que Dios nos ha elegido. Yo creo que todo cristiano en la tierra debe adoptar al menos un grupo étnico o nación como objeto de su amor y atención.

Ya he mencionado mi adopción del país de Mongolia. Para probar y marcar una diferencia, estudié su historia y su cultura. Comencé a orar regularmente por ellos, e hice varios viajes de temporada para visitarles. En mis primeros años de compromiso recluté unas cien personas para que me acompañaran. Servimos en el campo —donde la gente vive en una especie de tiendas (*gers*)— y también en la capital, que alberga la mitad de la población del país. Auspiciamos incluso una conferencia juvenil para invitar a los jóvenes a hacer misión. Ha sido una aventura emocionante y desafiante.

Cuando asumí el compromiso por Mongolia, la Iglesia era muy pequeña y el país estaba atrapado en una pobreza extrema. Mongolia goza hoy de una economía en desarrollo y la Iglesia ha crecido hasta los cincuenta mil creyentes. En 1980 no se tenía noticia de ningún cristiano en Mongolia, pero hoy ocupa el primer puesto del mundo por lo que respecta a la ratio «número de cristianos por cada misionero enviado». Cada 222 mongoles envían un misionero. En comparación, los EEUU ocupa el trigésimo puesto de la lista de países emisores —cada 2.148 estadounidenses envían un misionero.[7]

Yo creo que, en la cresta de la cuarta ola, Dios desea que centenares de millones de cristianos del siglo XXI adopten, se comprometan y compartan el corazón de Dios por un pueblo, grupo o nación sobre la tierra. Yo creo que por primera vez en la historia vamos a ver gentes de toda edad y nacionalidad que acercan las buenas nuevas a toda persona que habita en la tierra mediante tecnologías innovadoras y ministerios de relación en cada esfera social y país.

La Reforma del siglo XVI restauró el concepto de sacerdocio de todos los creyentes. La cuarta ola de la misión moderna restaurará el llamamiento de todos los cristianos.

Las últimas fronteras por alcanzar con las buenas nuevas se extienden desde el cinturón del Pacífico, por Asia Central y Occidental, hasta Jerusalén. Esta última siega para expandir el reino bien puede ser la fase definitiva de la misión mundial.

Si asumimos el reto, la cuarta ola puede ser el momento culminante de la historia en el que se completa la Gran Comisión y Jesús vuelve para establecer su reino sempiterno (Mt 24:14).

Nosotros podemos ser la generación que presencie el retorno del Rey.

Ya sea ésta la última gran acometida en la evangelización del mundo, o un nuevo mover trascendente para el avance de la misión, una cosa no cambia.

Usted tiene una asignación. Los pueblos de la tierra están esperando. ¡Levántese y vaya!

> ¡Levántate, Jerusalén! Que brille tu luz para que todos la vean. Pues la gloria del SEÑOR se levanta para resplandecer sobre ti. Una oscuridad negra como la noche cubre a todas las naciones de la tierra, pero la gloria del SEÑOR se levanta y aparece sobre ti. Todas las naciones vendrán a tu luz; reyes poderosos vendrán para ver tu resplandor. (Is 60:1-3)

Epílogo: Breve comentario sobre la persecución y el sufrimiento

Este libro se ciñe al increíble mover de Dios para extender las buenas nuevas de Jesús por toda la tierra en los próximos años. Su obra es ascendente, estimulante, digna de nuestro tiempo, atención y oraciones. Jesús está preparando una Iglesia triunfante para concluir la tarea de la evangelización del mundo. Usted puede formar parte de este plan magnífico.

Pero ello no significa que la tarea sea fácil o que no haya que pagar un precio. La misión cristiana siempre ha avanzado en las épocas más oscuras —en realidad, en los tiempos más difíciles la «sangre de los mártires es la semilla de la Iglesia».[1]

La época que nos espera no será distinta a las del pasado. Aunque sintamos entusiasmo ante la explosión de la misión global que tenemos por delante en la cuarta ola, somos conscientes de que nuestro mundo puede pronto adentrarse en tiempos difíciles y caóticos. Los dolores de parto podrían incluir

- una creciente inestabilidad e incertidumbre económica mundial;
- una depresión mundial que puede cambiar nuestro presente estilo de vida;
- más guerras en Oriente Medio, o una tercera guerra mundial;
- aumento de tensión entre las ideologías del secularismo, el islam y las buenas nuevas de Cristo;
- crecientes hambrunas y necesidades humanas en los países en desarrollo;
- surgimiento de regímenes totalitarios —o incluso del gobierno mundial hace mucho tiempo prometido y anunciado en el libro de Apocalipsis.

Solo Dios sabe los males o juicios que nos esperan. Caen dentro de su gobierno providencial de la historia. Pero si la historia nos da alguna lección, podemos esperar mayor persecución y sufrimiento durante este periodo de triunfo y progreso, ya que los dos van de la mano.

Si nunca ha leído el ,[2] este podría ser un buen momento para adquirirlo y recordar que la fe en Jesús conquista el poder de las tinieblas a través de la oración, el sufrimiento, la tribulación y la muerte. Así ha sido en todas las épocas —desde los cristianos de Roma arrojados a los leones a las multitudes que sufrieron en campos de concentración detrás del Telón de Bambú.[3]

A decir verdad, la gran explosión de la fe cristiana en el mundo, en la tercera ola del siglo XX, fue acompañada por los mayores sufrimientos y martirios de la historia. Se estima que de los setenta millones de creyentes asesinados por causa de su fe desde los tiempos de Cristo, el 65 por ciento pereció en el siglo XX.[4]

En el mundo actual, hay persecución generalizada de cristianos en las islas Molucas de Indonesia, Bangla Desh, India, Nigeria, Timor Oriental, Cuba, las antiguas repúblicas soviéticas, Arabia Saudí y otros países musulmanes, Vietnam, China y otros. Mientras escribía este capítulo, diez misioneros médicos que servían en Afganistán fueron asesinados por los talibán. ¿Por qué motivo? El portavoz de los talibán, Zabiullah Mujahid, declaró a la prensa que mataron a los extranjeros porque estaban «espiando para EEUU» y «predicando el cristianismo».[5]

Si la cuarta ola ha de superar a la tercera, entonces es posible que grandes olas de persecución y muerte acompañen también a la cosecha de salvación en los próximos años.

Pero las reconfortantes palabras de Jesús son firmes y prevalecen en cada generación:

> No dejen que el corazón se les llene de angustia; confíen en Dios y confíen también en mí. En el hogar de mi Padre, hay lugar más que suficiente... voy a prepararles un lugar. (Juan 14:1-2)

> Así que no se preocupe, pequeño rebaño. Pues al Padre le da mucha felicidad entregarles el reino. (Lucas 12:32)

> Ya que el Padre mismo los ama profundamente, porque ustedes me aman a mí y han creído que vine de Dios. Es cierto, vine del Padre al mundo y ahora dejaré el mundo y volveré al Padre... Pero se acerca el tiempo... cuando ustedes serán dispersados... Les he dicho todo lo anterior para que en mí tengan paz. Aquí en el mundo tendrán muchas pruebas y tristezas; pero anímense, porque yo he vencido al mundo. (Juan 16:27,28,32-33)

En un estante de mi despacho, en un lugar bien visible, tengo una Biblia que me regalaron mis abuelos cuando yo era adolescente. Esa Biblia sólo tiene un versículo subrayado que significa mucho para mí. Ésta es la dedicatoria que subrayaron mis abuelos: «Sé fiel hasta la muerte, y yo te daré la corona de vida» (Ap 2:10, RV60).

Es un gran recordatorio.

Aunque el trigo y la cizaña crezcan sobremanera durante la cuarta ola y en el fin de los tiempos, no hay por qué preocuparse ni retroceder.

Ocupe su lugar en la ola ascendente de la misión y descanse en sus brazos amorosos:

> ¿Acaso hay algo que pueda separarnos del amor de Cristo? ¿Será que él ya no nos ama si tenemos problemas o aflicciones, si somos perseguidos o pasamos hambre o estamos en la miseria o en peligro o bajo amenaza de muerte?... Claro que no, a pesar de todas estas cosas, nuestra victoria es absoluta por medio de Cristo, quien nos amó. Y estoy convencido de que nada podrá jamás separarnos del amor de Dios. Ni la muerte ni la vida, ni ángeles ni demonios, ni nuestros temores de hoy ni nuestras preocupaciones de mañana. Ni siquiera los poderes del infierno pueden separarnos del amor de Dios. Ningún poder en las alturas ni en las profundidades, de hecho, nada en toda la creación podrá jamás separarnos del amor de Dios, que está revelado en Cristo Jesús nuestro Señor. (Ro 8:35, 37-39)

Apéndice: Organizaciones y recursos online

Existen miles de organizaciones misioneras cristianas en el mundo, y cada vez son más. A continuación se mencionan algunas de las más destacadas. El manual *Operación Mundo,* de Jason Mandryk, contiene una lista mucho más amplia. Se puede solicitar online en la dirección: www.operationworld.org.

Organizaciones misioneras

Misiones de las Asambleas de Dios (www.misiones-sedag.org/)

Campus Crusade for Christ (Cruzada Estudiantil para Cristo) (www.campuscrusade.com)

Evangelical Missiological Society (www.emsweb.org)

Evangelio para Asia (www.gfa.org/spanish/)

Indian Evangelical Team (www.ietmissions.org)

(Comunidad Internacional de Estudiantes Evangélicos) (www.cieeal.org)

Misión Nuevas Tribus (www.espanol.ntm.org/)

Operación Movilización (http://www.om.org/es)

OMF International (www.omf.org)

SBC-International Mission Board (www.imb.org)

SIM-Serving in Mission (www.sim.org)

U.S. Center for World Mission (Centro Estadounidense de Misiones al Mundo) (www.uscwm.org)

WEC International (www.weclatino.org)

Visión Mundial (www.visionmundial.org)

Traductores Bíblicos Wycliffe (www.americas.wycliffe.net)

Juventud con una Misión (www.ywam.org)

Adopción de grupos étnicos inalcanzados

Call2all (www.call2all.org)

Finishing the Task (www.finishingthetask.com)

Joshua Project (Proyecto Josué) (www.joshuaproject.net)

Operación Mundo (www.operationworld.org)

Estructuras Misioneras Globales

Asia Missions Association (www.asiamissions.net)

COMIBAM International (América Latina) (www.comibam.org)

CrossGlobal Link (América del Norte) (www.crossgloballink.org)

Evangelical Association of the Caribbean (Asociación Evangélica del Caribe) (www.caribbeanevangelical.org)

Global Network of Mission Structures (www.gnms.net)

Laussane Movement (www.lausanne.org)

Movement of African National Iniciatives (www.maniafrica.com)

World Evangelical Alliance (Alianza Evangélica Mundial) (www.worldevangelicals.org)

Notas

Introducción

1. A menos que se indique, usaré como referencia bíblica la versión de la Nueva Traducción Viviente.
2. Muchas organizaciones misioneras protestantes, como la Convención Bautista del Sur y el Consejo General de las Asambleas de Dios, emplean este término.
3. Puede servir de ejemplo el libro de Roxburgh y Romanuk *The Missional Leader: Equipping Your Church to Reach a Changing World* (San Francisco: Jossey-Bass, 2006).
4. Ralph Winter, «Four Men, Three Eras», *Mission Frontiers,* November/December 1997, 11.
5. Ibid., 12.
6. Ibid., 13.
7. Joshua Project, http://www.joshuaproject.net/.

Capítulo 1

1. Mi libro *Leadership for the 21st Century: Changing Nations Through the Power of Serving* fue publicado el mismo año que se desmanteló el Telón de Acero. Yo pedí a Lee Grady ayuda para escribir el primer capítulo, el cual contiene una descripción profética de la caída del comunismo. Lee predijo minuciosamente su colapso, detallando incluso el mismo orden de liberación de los países. Él escribió su parte en 1986.
2. Para más información visite http://www.ywam.org/.
3. Para un comentario más detallado de la historia de Corea y de sus principios en la misión, consúltese el libro de Djun Kil Kim *The Story of Korea* (Westport, Conn.: Greenwood Press, 2005).
4. Andrei Lankov, «North Korea's Missionary Position», *Asian Times,* 16 de marzo, 2005.
5. Yoido Full Gospel Chuerch, http://www.ambassador4christ.org/yoido_church.html.
6. Un buen artículo sobre el asombroso cementerio misionero de Tanghwajin se puede encontrar en: http://trifter.com/asia-pacific/seoul-foreigners-cemetery-a-quiet-stroll-through-history/.

7. Esta historia está bien narrada en el fascinante libro de Gavin Menzies *1421: The Year China Discovered America* (New York: Harper Collins, 2003).
8. John Micklethwait and Adrian Wolldridge. *God Is Back: How the Global Revival of Faith Is Changing the World* (New York: Penguin Press, 2009), 5.
9. Christian Zibreg, «China Is Now the World's Second Largest Economy, Will Pass the U.S. by 2025,» http://www.geek.com/articles/news/china-is-now-the-worlds-second-largest-economy-will-pass-the-us-by-2025-2010082/.
10. Véase Rodney Stark, «The Sin of Slavery», en *For the Glory of God: How Monotheism Led to Reformations, Science, Witch-Hunts, and the End of Slavery* (Princeton, N.J.: Princeton University Press, 2003), 291-366.
11. Todd Johnson, *The Atlas of Global Christianity* 1910-2010. (Edinburgh: Edinburgh University Press, 2009), 311.
12. Ibid., 310.
13. Puede leer la historia del Día Mundial de Oración y sus muchas iniciativas en http://www.globaldayofprayer.com/.
14. La historia de Mosab Hassan Yousef se relata en *Son of Hamas: A Gripping Account of Terror, Betrayal, Political Intrigue, and Unthinkable Choice* (Carol Stream, Ill.: SaltRiver, 2010).
15. Sarah Stegall, «Evangelists Say Muslims Coming to Christ at Historic Rate,» *Charisma News Online*, 20 de agosto, 2010, http://www.charismamag.com/index.php/news/29125-evangelists-say-muslims-coming-to-christ-at-historic-rate.
16. «Deams and Visions of Jesus,» The 30-Days Prayer Network, http://www.30-days.net/muslims/muslims-in/mid-near-east/dreams-visions/.
17. Patrick Johnstone y Jason Mandryk, *Operación Mundo*. Pasadena: William Carey Library, 2009.
18. A esta conclusión llega Gene Edwards en su clásico libro *A Tale of Three Kings: A Study in Brokenness*. (Wheaton, Ill.: Tyndale House, 1992).

Capítulo 2

1. Loren Cunningham, *¿Eres tú, Señor?* (Tyler, Tex. Editorial JUCUM, 2004).
2. Véase Loren Cunningham, *El libro que transforma naciones: El poder de la Biblia para cambiar países* (Tyler, Tex.: Editorial JUCUM, 2010).

Capítulo 3

1. Leslie T Lyall, *A World to Win* (London: InterVarsity Press, 1972), 6.
2. Loren Cunningham, *¿Eres tú, Señor?* (Tyler, Tex.: Editorial JUCUM, 2004).
3. J. Herbert Kane, *Christian Missions in Biblical Perspective* (Grand Rapids: Baker Book House, 1976), 98.
4. Kenneth Scott Latourette, *A History of Christianity* (Peabody, Mass.: Prince Press, 2000), 59.
5. Dennis y Rita Bennett, *The Holy Spirit and You: A Study Guide to the Spirit-Filled Life* (Plainfield, N.J.: Logos International, 1971), 27-29.
6. Ibid., 29. El padre Bennett fue muchos años párroco de la Iglesia Episcopal San Lucas en Seattle, autor de muchos libros, y disertó por todo el mundo acerca de

la renovación del Espíritu Santo en los años sesenta y setenta. Su primer libro, titulado *Nine O'Clock in the Morning* (Nueve en punto de la mañana), fue el tratado insignia de la renovación carismática en sus primeros años.

7. E. Glenn Hinson, *The Evangelization of the Roman Empire: Identity and Adaptability* (Macon, Ga.: Mercer University Press, 1981), 57.
8. Ibid., 58.
9. Harold R Cook, *Highlights of Christian Missions* (Chicago: Moody Press, 1967), 16.
10. Michael Pocock, Gailyn Van Rheenen y Douglas McConnell, *The Changing Face of Missions: Engaging Contemporary Issues and Trends* (Grand Rapids: Baker Academic, 2005), 49.
11. Rodney Stark, *Discovering God* (New York: Harper Collins, 2007), 310.
12. Ibid., 313. «El gráfico del crecimiento cristiano» de Stark revela que la Iglesia Primitiva comenzó con unos mil creyentes en AD 40, pero sobrepasó los treinta y un millones de seguidores de Cristo para el AD 350, lo que representa casi el 53 por ciento del mundo romano.
13. Kane, *Christian Missions in Biblical Perspective*, 258.
14. Uno de mis libros favoritos de este periodo es el clásico moderno de Thomas Cahill Hill *De cómo los irlandeses salvaron la civilización* (Debate, Editorial 1998). Sin la destreza literaria de los valientes monjes-misioneros de la Edad Media, se podrían haber perdido, no sólo la Biblia, sino muchas grandes obras antiguas de la civilización occidental.

Capítulo 4

1. Moon Tides, http://homehiwaay.net/~kcrool/Astro/moon/moontides/.
2. Entregué mi vida a Cristo en 1968, durante un periodo de renovación conocido como Revolución de Jesús. Fui testigo de un mover de Dios con poder vivificante en África y EEUU. Conocí a mi esposa en un avivamiento juvenil en nuestra ciudad que alcanzó a 150 jóvenes en 1974-75 e impulsó a muchos a la misión. Fui coordinador en la capital de la marcha Washington para Jesús, el 29 de abril de 1980, que atrajo a 700.000 estadounidenses a Washington, DC, para orar por avivamiento espiritual. Seis meses después, Ronald Reagan resultó elegido presidente de los EEUU en la campaña de «Morning in America» —una acertada descripción de la necesidad de renovación espiritual en nuestro país.
3. Las definiciones precedentes se han tomado de *Un llamamiento urgente a líderes cristianos de EEUU para lograr consenso y colaboración sobre la naturaleza bíblica y la esperanza del avivamiento corporativo* (Westminster, Colo. National Revival Network, 2001).
4. Charles Finney, *Revival Lectures* (Grand Rapids: Fleming Revell, 1993), 7.
5. La referencia de diez días es el marco de tiempo que media entre la ascensión de Jesús, en el cuadragésimo día después de su resurrección, y la venida del Espíritu Santo en Pentecostés, el quincuagésimo día.
6. Ralph Winter, «The Finishable Task!» *Mission Frontiers,* marzo de 1989, 14.

7. Thomas Cahill *De cómo los irlandeses salvaron la civilización* (Debate, Editorial 1998).
8. Winter, «The Finishable Task» 15.
9. Una buena fuente para indagar sobre los moravos es «Una breve introducción a la historia, hábitos y costumbres de la iglesia morava», por Herbert Spaugh, http://everydaycounselor.net/?p=105.
10. Robert Tuttle, *John Wesley: His Life and Theology* (Grand Rapids; Zondervan, 1978), 181-192.
11. Robert K. Greenleaf, *Servant Leadership: A Journey into the Nature of Legitimate Power and Greatness* (New York: Paulist Press, 1977), 62-66.
12. Citado por Verna M. Hall, *The Christian History of the Constitution of the United States of America* (San Francisco: Foundation for American Christian Education, 1966), Ia.
13. Arnold Guyot, *Physical Geography* (Princeton, N.J.: Princeton Press, 1873), 5.
14. Todd Johnson, *The Atlas of Global Christianity 1910-2010* (Edinburgh: Edinburgh University Press, 2009), 310.
15. Rodney Stark, profesor de la Universidad de Texas, dedica un capítulo de su libro *For the Glory of God* (Para la gloria de Dios) a la relación entre la fe bíblica y el progreso de la ciencia moderna. Stark incluye una lista de más de cien de los más insignes científicos que creyeron en un Dios Creador que hizo un mundo ordenado para que el hombre lo entendiera y lo desarrollara.

Capítulo 5

1. Ruth A. Tucker, *From Jerusalem to Irian Jaya: A Biographical History of Christian Missions* (Grand Rapids: Zondervan, 1983), 91.
2. Bruce L. Shelley, *Church History in Plain Language* (Waco, Tex.: Word, 1982), 274-275.
3. Tucker, *From Jerusalem to Irian Jaya,* 100.
4. Kenneth Scott Latourette, *A History of Christianity, Volume 2: A.D. 1500-A.D.1975* (New York: Harper & Row, 1975), 961.
5. Tucker, *From Jerusalem to Irian Jaya,* 102.
6. Ibid., 121.
7. Ibid.,
8. Ibid., 123
9. William Carey, *An Enquiry into the Obligation of Christians to Use Means for the Conversion of the Heathens* (Leicester, England: Ann Richards printer, 1792), 37.
10. Ibid., 62.
11. Ibid., 87.
12. Latourette, *A History of Christianity, Volume 2,* 961. El calificativo «Gran Siglo» de la misión, que emplea Latourette, alude al periodo de tiempo 1815-1914 e incluye fundamentalmente la misión protestante.
13. Tucker, *From Jerusalem to Irian Jaya,* 126.
14. Ibid., 130.

15. Shelley, *Church History in Plain Language*, 374.
16. Harold B. Cole, *The Baptist Heritage* (Elgin, Ill.: David C. Cook, 1976), 47-52.
17. Latourette, *A History of Christianity, Volume 2*, 1047-55.
18. John Wesley, *The Journal of John Wesley* (Chicago: Moody Press, 1972) 56.
19. Ibid., 419.
20. R. C. Sproul and Archie Parrish, *The Spirit of Revival: Discovering the Wisdom of Jonathan Edwards* (Wheaton, Ill.: Crossway Books, 2000) 22-24.
21. *America's Great Revivals* (Minneapolis: Bethany Fellowship, 1976), 12.
22. J. Edwin Orr, *The Eager Feet* (Chicago: Moody Press, 1975), 89.
23. Courtney Anderson, *To the Golden Shore: The Life of Adoniram Judson* (Valley Forge, Pa.: Judson Press, 1987), 42.
24. Según Thomas Cahill, buena parte de las actas del avance misionero en los primeros siglos se perdieron durante las revueltas de la Edad Media, el saqueo de Roma y la caída del imperio romano.
25. A. E. Medlycott, *India and the Apostle Thomas* (London: Cambridge Publishers, 1905), 221-225.
26. Thomas Cahill, *De cómo los irlandeses salvaron la civilización* (Debate, Editorial 1998).
27. Ibid., 206.
28. Paul Gray, «Johann Gutenberg (c. 1395-1468),» *Time*, 26 de diciembre, 1999, 23.
29. David M. Howard, ed. *Jesus Christ: Lord of the Universe, Hope of the World* (Downers Grove, Ill.: InterVarsity Press, 1974), 115.
30. Gavin Menzies, en *1421: The Year China Discovered America* (New York: Perennial, 2004), relata los legendarios viajes de Zheng He de la dinastía Ming y su famosa flota armada.
31. Howard, *Jesus Christ*, 115.

Capítulo 6

1. Esta frase describe el misterio de las regiones inexploradas de África; fue popularizada por Henry M. Stanley en su publicación de 1878 *Through the Dark Continent* (A través del continente oscuro). El periodista Stanley fue a África en busca de David Livingstone y le saludó con las famosas palabras: «El doctor Livingstone, supongo».
2. J. H. Worcester, Jr., *David Livingstone: First to Cross Africa with the Gospel* (Chicago: Moody Press, 1988), 14-16.
3. Ibid., 17.
4. Ibid., 85.
5. Ibid., 46.
6. Ibid., 110.
7. Ibid.
8. Carl Lawrence and David Wang, *The Coming Influence of China* (Gresham, Ore.: Vision House, 1996), 3.
9. Fred Barlow, *Profiles in Evangelism: Biographical Sketches of World-Renowned Soul Winners* (Murfreesboro, Tenn.: Sword of the Lord, 1976), 2.

10. J. C. Pollock, *Hudson Taylor and Maria: Pioneers in China* (Grand Rapids: Zondervan, 1976), 45.
11. Ibid., 49-50.Marshall Broomhall, ed., *Martyred Missionaries of the China Inland Mission*
12. (London: Morgan & Scott, 1901), 334.
13. Ibid.
14. Ibid.
15. Pollock, *Hudson Taylor and Maria,* 208.
16. Barlow, *Profiles in Evangelism,* 3.
17. Pollock, *Hudson Taylor and Maria,* 267.
18. Ralph D. Winter and Steven C. Hawthorne, eds., *Perspectives on the World Christian Movement: A Reader* (Pasadena: William Carey Library, 1981).
19. John R. Mott, *Cooperation and the World Mission* (London: Student Christian Movement Press, 1935), 87.
20. Ibid., 88.
21. Ruth A. Tucker, *From Jerusalem to Irian Jaya: A Biographical History of Christian Missions* (Grand Rapids: Zondervan, 1983), 324.
22. J. Edwin Orr, *The Eager Feet: Evangelical Awakenings, 1790-1830* (Chicago: Moody Press, 1975), 196.
23. *America's Great Revivals* (Minneapolis: Bethany Fellowship, 1976), 78-82.
24. Ron Boehme, «Prayer Is the Gunpowder of Missions», YWAM Office of U.S. Renewal, http://usrenewal.sqarespace.com/home/2010/1/29/prayer-is-the-gunpowder-of-global-missions.html. El artículo fue originalmente publicado en el libro *Giving Ourselves to Prayer,* por Dan Crawford (Terre Haute, Ind.: Prayer Shop Publishing, 2008).
25. *America's Great Revivals,* 52-72.
26. Tucker, *From Jerusalem to Irian Jaya,* 324.
27. Latourette, Kenneth Scott, *A History of Christianity, Volume 2: A.D. 1500-A.D. 1975* (New York: Harper & Row, 1975), 1325.
28. David M. Howard, *Jesus Christ: Lord of the Universe, Hope of the World* (Downers Grove, Ill. InterVarsity Press, 1974), 127.
29. Latourette, *A History of Christianity, Volume 2,* 1068-69.
30. Ibid., 4.
31. Tucker, *From Jerusalem to Irian Jaya,* 285.

Capítulo 7

1. Ruth A. Tucker, *From Jerusalem to Irian Jaya: A Biographical History of Christian Missions* (Grand Rapids: Zondervan, 1983), 364.
2. Según se narra en el atlas preliminar del cristianismo global, de David B. Barrett, ed., *World Christian Encyclopedia: A Comparative Study of Churches and Religions in the Modern World, AD 1900-2000* (New York: Oxford University Press, 1982), 3.
3. Patrick Johnstone, *The Church Is Bigger Than You Think* (Pasadena: William Carey Library, 1998), 218.

4. WheatonArchives, htpp://www.wheaton.edu/bgc/archives/guides/178.htm#301.
5. Ralph D. Winter and Steven C. Hawthorne, eds., *Perspectives on the World Christian Movement: A Reader* (Pasadena: William Carey Library, 1981), 137.
6. Claude Hickman, «William Cameron Townsend» disponible en The Traveling Team, http://www.thetravelingteam.org/node/125.
7. «The Greatest Missionary», *Houston Baptist University* 3, no. 2 (January-March 2006): 3.
8. Wycliffe Bible Translators, http://www.wycliffe.org/About/Statistics.aspx.
9. Claude Hickman, «William Cameron Townsend» http://www.thetraveling-team.org/node/125.
10. «U.S. Center for World Mission Celebrating 25 Years of Service», U.S. Center for World Mission.
11. «U.S. Center for World Mission» «Our Vision and Mission» http://www.uscwm.org/index.php/about/.
12. Ralph D. Winter, «¿What Is an Unreached People Group?» *Mission Frontiers*, May/June 1995, 1.
13. La Ventana 10/40 abarca las regiones del hemisferio oriental situadas entre 10 y 40 grados al norte del ecuador. La idea de la Ventana 10/40 resalta estos tres elementos: países en una región del mundo con (1) aguda pobreza, (2) baja calidad de vida, y (3) mínimo acceso a los recursos cristianos. La Ventana forma una banda que abarca el Sahara y el norte de África, así como casi toda Asia (Occidental, Central, Sur, Este y buena parte del Sudeste). Aproximadamente, dos tercios de la población mundial vive en esta región. La Ventana 10/40 está poblada mayoritariamente por musulmanes, hinduistas, budistas, animistas, judíos y ateos. Muchos gobiernos dentro del área de la Ventana 10/40 se oponen formal o informalmente a cualquier tipo de obra cristiana.
14. Luis Bush, *Funding World Missions* (Wheaton, Ill.: World Evangelical Fellowship Missions Commission, 1990), 9.
15. Yoido Full Gospel Church, «Story» http://english.fgtv.com/yfgc.pdf.
16. Robert Moll, «Mission Incredible» *Christianity Today*, 3 de marzo, 2006.
17. Ibid., 4.
18. Gospel for Asia, http://www.gfa.org/about/aboutkp/.
19. K. P. Yohannan, *Revolution in World Missions* (Carrolton, Tex.: Gospel for Asia Books, 2000), 18.
20. Brother Yun, *El hombre celestial* (Spanish House, junio 2005)
21. Ibid., 107-131.
22. Ibid., 279.
23. Ibid., 289.
24. The Embassy of the Blessed Kingdom of All Nations, http://www.familyaidinternational.com/embassy_of_god/who_is_sunday_adelaja.htm
25. Philip Jenkins, *The New Faces of Christianity: Believing the Bible in the Global South* (New York: Oxford University Press, 2006), 47.
26. Todd Johnson and Kenneth R. Ross, eds., *The Atlas of Global Christianity 1910-2010* (Edinburgh: Edinburgh University Press, 2009), 311.

27. Johnstone, *The Church Is Bigger Than You Think*, 129.
28. Carl Lawrence and David Wang, *The Coming Influence of China*. (Gresham, Ore.: Vision House, 1996), 85.
29. David Aikman, Jesus in Beijing: *How Christianity Is Transforming China and Changing the Global Balance of Power* (Washington, DC: Regnery Press, 2003), 47.
30. Bush, *Funding World Missions*, 480.
31. Grant Wacker, *The Functions of Faith in Primitive Pentecostalism* (New York: Cambridge University Press, 1984), 353.
32. Luis Lugo, «The Pentecostal Revival» *Ministry Today*, 2 de marzo, 2010, 22.
33. Scott Moreau, citado por Rob Moll, «Missions Incredible» *Christianity Today*, marzo 2006, 36.
34. Johnstone, *The Church Is Bigger Than You Think*, 34-40.

Capítulo 8

1. Charles Clarke, *Pioneers of Revival* (Plainfield, N.J.: Logos International, 1971), 28.
2. Ibid., 28.
3. Ibid., 30.
4. J. Edwin Orr, *The Re-Study of Revival and Revivalism* (Oxford: Oxford Press, 1981), 43.
5. Vinson Synan, *The Holiness-Pentecostal Tradition: Charismatic Movements in the Twentieth Century* (Grand Rapids: Eerdmans, 1997), 130.
6. Clarke, *Pioneers of Revival*, 39-42.
7. Asistí en persona a las lecciones de uno de los líderes del avivamiento del Congo, el neozelandés Ivor Davies, quien compartió estas historias con sus alumnos en una serie de reuniones celebradas en 1972.
8. Mattew Backholer, *150 Years of Revival*, http://www.byfaith.co.uk/paulbyfaithtvmatthewthoughts18.htm.
9. Andrew Woosley, *Duncan Campbell: A Biography* (London: Hodder and Stoughton, 1974), 112-120 .
10. El autor entregó su vida a Cristo en plena Revolución de Jesús y plena renovación carismática, en la primavera de 1968.
11. Mel Tari, *Like A Mighty Wind* (Houston: New Leaf, 1995), 150-178.
12. «CitasdeA.T.Pierson»http://christian-quotes.ochristian.com/A.T.-Pierson-Quotes/.
13. En una visita que hice a Seúl, Corea, mi anfitrión —un pastor presbiteriano— me comentó que su iglesia estaba observando cuarenta días de ayuno y oración. Le pregunté si lo hacían una vez al año y me respondió que no, que lo hacían cuatro veces. Me asombré del compromiso de los creyentes coreanos.
14. Peggy Noonan, «We want God» http://usrenewal.squarespace.com/home/2009/2/13/we-want-god.html.
15. 24/7 Prayer, http://www.24-7prayer.com.
16. See You at the Pole, www.syatp.com.
17. International Renewal Ministries, http://www.prayersummits.net.

18. The Global Day of Prayer, http://globaldayofprayer.com.
19. George W. Peters, «Missionary Dynamic and Prayer» in Giving Ourselves to Prayer, ed. Dan R. Crawford (Terre Haute, Ind.: Prayer Shop Publishing, 2008), 541.
20. Cape Town 2010, http://www.lausanne.org/cape-town-2010.
21. AD2000 and Beyond, http://www.ad2000.org/.
22. Luis Bush, «The Unfinished Task» *Mission Frontiers,* May/June 1998, 28.
23. Call2All, http://www.call2all.org/Groups/1000015933/Call2All/About_Us/Dr_Bill_Bright/Dr_Bill_Bright.aspx.
24. King's Kids International, http://wwwkkint.net.
25. Rob Moll, «Missions Incredible» *Christianity Today,* March 2006, 36.
26. Brother Yun, *El hombre celestial* (Spanish House, Junio 2005)
27. Michael Pocock, Gailyn Van Rheenen, and Douglas McConnell, *The Changing Face of Missions: Engaging Contemporary Issues and Trends* (Grand Rapids: Baker Academic, 2005), 134.
28. Roger Peterson, «¿What's Happening in Short-Term Mission?» *Lausanne World Pulse,* March 2010, 2.
29. Warren Janzen, «The Springboard of Short-Term Mission» *Lausanne World Pulse,* March 2010, 2.
30. Ruth A. Tucker, *From Jerusalem to Irian Jaya: A Biographical History of Christian Missions* (Grand Rapids: Zondervan, 1983), 111.
31. A. Hinman, «Eradication of Vaccine-Preventable Diseases» Annual Review of Public Health 20 (May 1999), disponible en http://arjournals.annualreviews.org/doi/abs/10.1146%2Fannurev.pubhealth.20.1.211.
32. La película «JESÚS» es un ministerio de Cruzada Estudiantil para Cristo, http://www.jesusfilm.org/.
33. He viajado ampliamente por Mongolia desde 1997 y oído este análisis de muchos pastores del país.
34. John Dawson, *La Reconquista de tu ciudad* (Miami, Editorial Betania, 1991).

Capítulo 9

1. Citado en Rick Wood, «Christianity: Waning or Growing?» *Mission Frontiers,* January/February 2003, 12.
2. William Carey, *An Enquiry into the Obligation of Christians to Use Means for the Conversion of the Heathens,* (Leicester, England: Ann Richards printer, 1792), 38-61.
3. Todd Johnson, «Status of Global Missions» Center for the Study of Global Christianity (www.globalchristianity.org).
4. Unengaged Unreached People Groups (UUPGs), http://wwwcall2all.org/Groups/1000014484/Call2All/About_Us/Themes/UUPGs/UUPGs.aspx.
5. Rick Warren, «The Future of Evangelicalism» *Pew Forum Newsletter,* 20 de noviembre, 2009, 3.
6. Todd Johnson, «World Missions Statistics» Center for the Study of Global Christianity (www.globalchristianity.org).

7. «YWAM International Statistics» Youth With A Mission, http://old.ywam.org/notfound.asp?404;http%3A//old.ywam.org%3A80/contents/sta_res_stats.htm&bhcp=1.
8. David Taylor, «Envisioning a Global Network of Mission Structures» *Mission Frontiers*, March/April 2010, 16.

Capítulo 10

1. Jim Stier, «The Fourth Wave» *The Flame Goes Forward* (National City, Calif.: YWAM San Diego/Baja), 160. La lista de Jim incluye todas las generaciones, a nivel internacional, global, comunicación viral y oral, todas las esferas de la vida, está abierta al mundo, se distingue por el poder y la unidad, y se centra en el Reino.
2. King's Kids International, http://www.kkint.net/index.php?id=8.

Capítulo 11

1. David Taylor, «Setting the Pace» *Mission Frontiers*, July/August 2010, 6.
2. Ibid., 7.
3. Por ejemplo, Olu Robbin-Coker, natural de Sierra Leona y autor de *Manifesto: Revolutionary Christianity for a Postmodern World*, que está marcando una diferencia en Escocia.
4. Handbook of Hispanic Protestant Denominations, http://www.hispanicchurchesusa.net/.
5. Peter Hammond, «Muslims Coming to Christ» Frontline Fellowship, http://www.frontline.org.za/articles/Muslims%20coming%20to%20Christ.htm.
6. Visítese la excelente página web de Garrison en http://www.churchplanting movements.com.
7. David Garrison, *Church Planting Movements: How God Is Redeeming a Lost World* (Midlothian, Tex.: WIGTake Resources, 2004), 32-50.

Capítulo 12

1. William Carey, *An Enquiry into the Obligation of Christians to Use Means for the Conversion of the Heathens*, (Leicester, England: Ann Richards printer, 1792), 62.
2. Población del mundo hasta el año 2300 (New York: United Nations, 2004), 27.
3. Ibid.
4. David Taylor, «Setting the Pace» *Mission Frontiers*, July/August 2010, 5.
5. Call2All, http://www.call2all.org/Groups/1000014360/Call2All.aspx.
6. http://www.4kworldmap.com/.

Capítulo 13

1. http://www.febc.org/about/history.html.
2. Trans World Radio, «The Future is Here» http:://www.twr.org/pdfs/FutureisHerebooklet09.pdf.

3. Ibid.
4. «Media Statistics: Televisions (most recent) by country» http://www.nationmaster.com/graph/med_tel-media-televisions.
5. CBN: The Christian Broadcasting Network, http://www.tbn.org/.
6. TBN: Trinity Broadcasting Network, http://www.tbn.org/.
7. La historia de Shiryawati se puede encontrar en http://www.god.tv/node/118.
8. http://www.jesusfilm.org/.
9. Create International, http://www.createinternational.com/.
10. Joshua Newton, «Blockbuster Evangelism» *Christianity Today*, diciembre 2003, http://www.christianitytoday.com/ct/2003/december/12.28.html.
11. Ibid.
12. Paul Eshleman, «The State of the Unfinished Task», *Mission Frontiers*, July/August 2010, 1.
13. Orality Strategies, http://www.oralstrategies.com/index.cfm.
14. «Cattlemen Connect in Southern Sudan», Orality Strategies, http://www.oralstrategies.com/stories_detail.cfm?ResourceID=754.
15. «Mobile Phones and Other Devices: The Potential for Evangelism», Internet Evangelism Day, http://www.internetevangelismday.com/mobile-outreach.php.
16. http://tinyurl.com/pewinternet-mobiles.
17. Electa Draper, «Bible Translators Hope to Have Every Language Covered in Fifteen Years» *Denver Post*, 22 de junio, 2010.
18. Global Media Outreach, http://www.globalmediaoutreach.com/about_us.html.
19. Ibid.
20. Tokyo 2010's «New Technology Vision», *Mission Frontiers*, July/August 2010, 24.
21. «Tokyo 2010 Declaration» *Mission Frontiers*, July/August 2010, 14.

Capítulo 14

1. http://www.web-evangelism.com/resources/webull06mar1.php#shy_girl_-_a_blogger_s_story
2. http://www.whybelieve.com/.
3. La página de Nathalie se puede encontrar en http://knowinggod.jesus.net.
4. El Centro para la Reforma de la Bioética facilita estimaciones del Instituto Guttmacher e indica que se producen aproximadamente 42 millones de abortos al año en el mundo (1996-2008), http://www.abortionno.org/Resources/fastfacts.html.

Capítulo 15

1. Las señoritas Hall y Slater fundaron la Foundation for American Christian Education (FACE), importante contribuyente a la investigación y la enseñanza, según la «Perspectiva de los Principios» de la historia cristiana de EEUU.
2. Ron Boehme, *Leadership for the 21st Century: Changing Nations Through the Power of Serving* (Seattle: YWAM Publishing, 1989), 10.

3. El excelente trabajo de Rodney Stark *For the Glory of God: How Monotheism Led to Reformations, Science, Witch-Hunts, and the End of Slavery* (Princeton, N.J.: Princeton University Press, 2003) narra muchos aspectos del desarrollo cultural cristiano.
4. John Micklethwait and Adrian Wolldridge. *God Is Back: How the Global Revival of Faith Is Changing the World* (New York: Penguin Press, 2009), 12.
5. Tom Bloomer, «Calvin and Geneva: Nation-Building Mission», en *His Kingdom Come: An Integrated Approach to Discipling the Nations and Fulfilling the Great Commission*, eds. Jim Stier, Richlyn Poor, and Lisa Orvis (Seattle: YWAM Publishing, 2008), 103-118.
6. Loren Cunningham, *El libro que transforma naciones: El poder de la Biblia para cambiar países* (Tyler, Tex.: Editorial JUCUM, 2010).
7. Matthew Henry, «Commentary on Matthew 28[:19],» Blue Letter Bible, 1996, 2011, http://www.blueletterbible.org/commentaries/comm_view.cfm?AuthorID=4&contentID=1623&commInfo=5&topic=Matthew.
8. *Discipulando Naciones (2001) y Vida, Trabajo y Vocación* (2011) han sido ambos publicados por la Editorial JUCUM.
9. En su libro *Verdad y transformación: Un manifiesto para naciones enfermas* (Tyler, Tex.: Editorial JUCUM, 2009) Mangalwadi relata muchas experiencias personales de esperanza y transformación a través de Cristo.
10. *His Kingdom Come,* eds. Jim Stier, Richlyn Poor, and Lisa Orvis (Seattle: YWAM Publishing, 2008) contiene capítulos de veintinueve autores.
11. Véase http://www.dawnministries.org y http://call2all.org, respectivamente.
12. Micklethwait and Wooldrige, *God Is Back*, 355.
13. Relato tomado de mi libro *Leadership for the 21st Century: Changing Nations Through the Power of Serving* (Seattle: YWAM Publishing, 1989), 117.
14. Herman Dooyeweerd, *Roots of Western Culture: Pagan, Secular, and Christian Options* (Toronto: Wedge, 1979), 53.
15. Abraham Kuyper, *Lectures on Calvinism* (Grand Rapids: Eerdmans, 1931, 1975), 3.
16. Ibid., 6.
17. Tomado de un capítulo del libro de Landa Cope «Modelo de transformación social del Antiguo Testamento», en *His Kingdom Come*, eds. Jim Stier, Richlyn Poor, and Lisa Orvis (Seattle: YWAM Publishing, 2008), 31-34.
18. Tomado de http://www.templateinstitute.com/.

Capítulo 16

1. Estos ejemplos son casos verídicos de amigos personales míos.

Capítulo 17

1. Patricia Lloyd-Sidle and Bonnie Sue Lewis, *Teaching Mission in a Global Context* (Louisville, Ky.: Geneva Press, 2001), 52.
2. Ibid., 125.
3. Jason Mandryk, *Operación Mundo* (Pasadena: William Carey Library, 2009).

Parte de la información que contiene este libro se encuentra disponible en http://www.operationworld.org/.

4. Perspectives on the World Christian Movement, http://www.perspectives.org/. Para cursos y programas fuera de los EEUU, acuda a la página «Around the World».
5. John Micklethwait and Adrian Wooldrige, *God Is Back* (New York: Penguin Press, 2009), 355.
6. Para más información acerca del movimiento «Regreso a Jerusalén», consúltese el libro del Hermano *El hombre celestial* (Spanish House, Junio 2005), que narra la historia del avivamiento de las iglesias en casas, en China, especialmente el capítulo 24, «Regreso a Jerusalén», en las páginas 278-292.
7. Presentación multimedia, septiembre 2010, por Bob Waymire, presidente de LIGHT International.

Epílogo

1. Esta es una frase bastante citada del capítulo 59 del *Apologeticus* de Tertuliano, padre de la iglesia del siglo II.
2. El clásico *Libro de los Mártires* (Editorial CLIE) de John Foxe, aunque se publicó originalmente en 1573, ha sido actualizado para incluir los tiempos actuales. John Foxe y Harold J. Chadwick, *The New Foxe's Book of Martyrs* (Gainesville, Fla.: Bridge Logos, 2001).
3. Ibid., 329.
4. Chuck Colson, «A New Century of Martyrs: Anti-Christian Intolerance» 17 de junio, 2002, http://www.bereanpublishers.com/Persecution_of_Christians/a_new_century_of_martyrs.htm.
5. Kathy Gannon, «Six Americans on Medical Team Killed in Afghanistan» 7 de agosto, 2010, http://www.ksdk.com/news/local/story.aspx?storyid=210884.

Bibliografía

Aikman, David. *Jesus in Beijing: How Christianity Is Transforming China and Changing the Global Balance of Power.* Washington, DC: Regnery Press, 2003.

Anderson, Courtney. *To the Golden Shore: The Life of Adoniram Judson.* Valley Forge, Pa.: Judson Press, 1987.

America's Great Revivals. Minneapolis: Bethany Fellowship, 1976.

Barlow, Fred. *Profiles in Evangelism: Biographical Sketches of World-Renowned Soul Winners.* Murfreesboro, Tenn.: Sword of the Lord, 1976.

Barrett, David B. *World Christian Encyclopedia: A Comparative Study of Churches and Religions in the Modern World, AD 1900-2000.* New York: Oxford University Press, 1982.

Bennett, Dennis, and Rita Bennett. *The Holy Spirit and You: A Study Guide to the Spirit-Filled Life.* Plainfield, N.J.: Logos International, 1971.

Boehme, Ron. *Leadership for the 21st Century: Changing Nations Through the Power of Serving.* Seattle: YWAM Publishing, 1989.

Bush, Luis. *Funding World Missions.* Wheaton, Ill.: World Evangelical Fellowship Missions Commission, 1990.

Cahill, Thomas. *De cómo los irlandeses salvaron la civilización.* Debate, Editorial 1998.

Carey, William. *An Enquiry into the Obligation of Christians to Use Means for the Conversion of the Heathens.* Leicester, England: Ann Richards printer, 1792.

Cheever, George B. *The Journal of the Pilgrims at Plymouth.* New York: J. Wiley, 1848.

Clarke, Charles. *Pioneers of Revival.* Plainfield, N.J.: Logos International, 1971.

Cole, Harold B. *The Baptist Heritage.* Elgin, Ill.: David C. Cook, 1976.

Cook, Harold R. *Highlights of Christian Missions: A History and Survey.* Chicago: Moody Press, 1967.

Crawford, Dan R. *Giving Ourselves to Prayer.* Terre Haute, Ind.: Prayer Shop Publishing, 2008.

Cunningham, Loren. *¿Eres tú, Señor?* Tyler, Tex.: Editorial JUCUM, 2004.

Cunningham, Loren. *El libro que transforma naciones: El poder de la Biblia para cambiar naciones.* Tyler, Tex.: Editorial JUCUM, 2010.

Dawson, John. *La Reconquista de tu ciudad.* Miami: Editorial Betania, 1991.

Dooyeweerd, Herman. *Roots of Western Culture: Pagan, Secular, and Christian Options.* Toronto: Wedge, 1979.

Edwards, Gene. *A Tale of Three Kings: A Study in Brokenness.* Wheaton, Ill.: Tyndale House, 1992.

Finney, Charles. *Revival Lectures.* Grand Rapids: Fleming Revell, 1993.

Garrison, David. *Church Planting Movements: How God Is Redeeming a Lost World.* Midlothian, Tex.: WIGTake Resources, 2004.

Greenleaf, Robert K. *Servant Leadership: A Journey into the Nature of Legitimate Power and Greatness.* New York: Paulist Press, 1977.

Guyot, Arnold. *Physical Geography.* Princeton, N.J.: Princeton Press, 1873.

Hall, Verna M. *The Christian History of the Constitution of the United States of America.* San Francisco: Foundation for American Christian Education, 1966.

Hinson, E. Glenn. *The Evangelization of the Roman Empire: Identity and Adaptability.* Macon, Ga.: Mercer University Press, 1981.

Howard, David M., ed. *Jesus Christ: Lord of the Universe, Hope of the World.* Downers Grove, Ill. InterVarsity Press, 1974.

Jenkins, Philip. *The New Faces of Christianity: Believing the Bible in the Global South.* New York: Oxford University Press, 2006.

Jenkinson, William, and Hellene O. Sullivan, eds. *Trends in Mission: Toward the Third Millennium.* Maryknoll, N.Y.: Orbis Books, 1993.

Johnson, Todd, and Kenneth R. Ross, eds. *The Atlas of Global Christianity 1910-2010.* Edinburgh: Edinburgh University Press, 2009.

Johnstone, Patrick. *The Church Is Bigger Than You Think.* Pasadena: William Carey Library, 1998.

Johnstone, Patrick. *Operación Mundo.* Pasadena: William Carey Library, 2009.

Kane, J. Herbert. *Christian Missions in Biblical Perspective.* Grand Rapids: Baker Book House, 1976.

Kim, Djun Kil. *The Story of Korea.* Westport, Conn.: Greenwood Press, 2005.

Kuyper, Abraham. *Lectures on Calvinism.* Grand Rapids: Eerdmans, 1931.

Latourette, Kenneth Scott. *A History of Christianity, Volume 1: To A.D. 1500.* New York: Harper & Row, 1975.

Latourette, Kenneth Scott. *A History of Christianity, Volume 2: A.D. 1500–A.D. 1975.* New York: Harper & Row, 1975.

Lawrence, Carl, and David Wang. *The Coming Influence of China*. Gresham, Ore.: Vision House, 1996.

Lloyd-Sidle, Patricia, and Bonnie Sue Lewis, eds. *Teaching Mission in a Global Context*. Louisville, Ky.: Geneva Press, 2001.

Lyall, Leslie T. *A World to Win*. London: InterVarsity Press, 1972.

McGavran, Donald A. *The Bridges of God: A Study in the Strategy of Missions*. New York: Friendship Press, 1955.

McGavran, Donald A. *How Churches Grow: The New Frontiers of Mission*. New York: Friendship Press, 1959.

Mangalwadi, Vishal. *Verdad y transformación*. Tyler, Tex.: Editorial JUCUM, 2009.

Medlycott, A. E. *India and the Apostle Thomas*. London: Cambridge Publishers, 1905.

Menzies, Gavin. *1421: The Year China Discovered America*. New York: Perennial, 2004.

Micklethwait, John, and Adrian Wolldridge. *God Is Back: How the Global Revival of Faith Is Changing the World*. New York: Penguin Press, 2009.

Miller, Darrow L. *Discipulando naciones: El poder de la verdad para transformar culturas*. Managua: Fundación Contra el Hambre Internacional, 2001.

Miller, Darrow L. *Vida, trabajo y vocación: Una teología bíblica del quehacer cotidiano*. Tyler, Tex.: Editorial JUCUM, 2011.

Mott, John R. *Cooperation and the World Mission*. London: Student Christian Movement Press, 1935.

Neill, Stephen. *A History of Christianity in India: The Beginnings to AD 1707*. New York: Cambridge University Press, 1984.

Orr, J. Edwin. *The Eager Feet: Evangelical Awakenings,* 1790-1830. Chicago: Moody Press, 1975.

Orr, J. Edwin. *Evangelical Awakenings in Africa*. Minneapolis: Bethany Fellowship, 1975.

Orr, J. Edwin. *Evangelical Awakenings in Southern Asia*. Minneapolis: Bethany Fellowship, 1975.

Orr, J. Edwin. *Evangelical Awakenings in the South Seas*. Minneapolis: Bethany Fellowship, 1976.

Orr, J. Edwin. *Evangelical Awakenings in Latin America*. Minneapolis: Bethany Fellowship, 1978.

Orr, J. Edwin. *The Re-Study of Revival and Revivalism*. Oxford: Oxford Press, 1981.

Pocock, Michael, Gailyn Van Rheenen, and Douglas McConnell. *The Changing Face of Missions: Engaging Contemporary Issues and Trends*. Grand Rapids: Baker Academic, 2005.

Pollock, J. C. *Hudson Taylor and Maria: Pioneers in China*. Grand Rapids: Zondervan, 1976.

Robeck, Cecil M., Jr. *The Azusa Street Mission and Revival: The Birth of the Global Pentecostal Movement.* Nashville, Tenn.: Thomas Nelson, 2006.

Schlafer, Dale. *An Urgent Appeal.* Westminster, Colo.: National Revival Network, 2001.

Shelley, Bruce L. *Church History in Plain Language.* Waco, Tex.: Word, 1982.

Sproul, R. C., and Archie Parrish. *The Spirit of Revival: Discovering the Wisdom of Jonathan Edwards.* Wheaton, Ill.: Crossway Books, 2000.

Stark, Rodney. *Discovering God: The Origins of the Great Religions and the Evolution of Belief.* New York: Harper Collins, 2007.

Stark, Rodney. *For the Glory of God: How Monotheism Led to Reformations, Science, Witch-Hunts, and the End of Slavery.* Princeton, N.J.: Princeton University Press, 2003.

Stier, Jim, Richlyn Poor, and Lisa Orvis, eds. *His Kingdom Come: An Integrated Approach to Discipling the Nations and Fulfilling the Great Commission.* Seattle: YWAM Publishing, 2008.

Synan, Vinson. *The Holiness-Pentecostal Tradition: Charismatic Movements in the Twentieth Century.* Grand Rapids: Eerdmans, 1997.

Tari, Mel. *Like A Mighty Wind.* Houston: New Leaf Publishing, 2001.

Tucker, Ruth A. *From Jerusalem to Irian Jaya: A Biographical History of Christian Missions.* Grand Rapids: Zondervan, 1983.

Tuttle, Robert G. *John Wesley: His Life and Theology.* Grand Rapids: Zondervan, 1978.

Wacker, Grant. *The Functions of Faith in Primitive Pentecostalism.* New York: Cambridge University Press, 1984.

Winter, Ralph D., and Steven C. Hawthorne, eds. *Perspectives on the World Christian Movement: A Reader.* 4th ed. Pasadena: William Carey Library, 2009.

Wesley, John. *The Journal of John Wesley.* Chicago: Moody Press, 1972.

Woosley, Andrew. *Duncan Campbell: A Biography. London*: Hodder and Stoughton, 1974.

Worcester, J. H., Jr. *David Livingstone: First to Cross Africa with the Gospel.* Chicago: Moody Press, 1988.

Yohannan, K. P. *Revolution in World Missions.* Carrolton, Tex.: Gospel for Asia Books, 2000.

Yousef, Mosab Hassan. *Son of Hamas: A Gripping Account of Terror, Betrayal, Political Intrigue, and Unthinkable Choice.* Carol Stream, Ill.: SaltRiver, 2010.

Yun, Brother. *El hombre celestial.* Spanish House, 2005.

Preguntas para la reflexión o el coloquio

Capítulo 1

1. ¿Qué cambios ha visto usted ocurrir en su vida? ¿Tecnológicos? ¿Relacionados con la iglesia o la obra misionera?
2. ¿Qué tipo de cambios espirituales se están produciendo en el mundo, en el siglo XXI? ¿Por qué cree usted que es así?
3. ¿Cuál de las cinco «Muestras» le sorprendió más? ¿Por qué? ¿Cuál le ha animado más ante las cosas asombrosas que Dios está haciendo?
4. ¿Por qué parte del mundo siente más entusiasmo ante el cambio de ola en la misión? ¿Cómo puede contribuir a ese cambio?

Capítulo 2

1. ¿Cómo determina la idea que uno tiene de la historia la manera en que vive? Juzgando por la senda y las prioridades de su vida, ¿cuál es su idea de la historia?
2. ¿Cree que la metáfora de las «olas» es una buena manera de describir la obra redentora de Dios en la historia? ¿Por qué o por qué no?
3. ¿Qué ola de salvación del Antiguo Testamento halló más interesante? ¿Había pensado en ella?
4. El piadoso rey Josías introdujo una ola de reformas durante su reinado. ¿Cómo puede usted aplicar los ocho principios de su vida a su compromiso en su ciudad, estado/provincia o nación?

Capítulo 3

1. ¿Qué cuatro mandamientos dio claramente Jesús para la empresa misionera del Nuevo Testamento? ¿Qué mandamientos ha obedecido usted? ¿A cuáles ha prestado menor atención?
2. ¿Cuáles fueron las tres claves del éxito misional en los tiempos de la Iglesia Primitiva? ¿Cuál de ellas debe enfatizar más en su vida y ministerio?
3. ¿Qué significa la palabra *providencia*? ¿Mencione algunos actos providenciales de Dios en la historia. ¿Qué ejemplos de la providencia de Dios ve usted en la historia de su vida?

4. ¿Qué adelantos tecnológicos ayudaron a la misión en los tiempos de la Iglesia Primitiva? ¿Cómo usará Dios la tecnología para el avance de la obra misionera en el siglo XXI? (Se pueden encontrar algunas respuestas en el capítulo 13.)

Capítulo 4

1. ¿De qué manera las olas ascendentes son metáfora de algunos factores que sustentan la evangelización mundial? ¿Son siempre claras las olas ascendentes, o pueden sus efectos ser a veces invisibles?
2. ¿Qué definición daría usted de avivamiento? ¿Ha vivido usted algún tiempo de avivamiento o de despertamiento espiritual? ¿Cómo le afectó?
3. ¿Por qué es la oración tan importante para la misión? ¿Cómo puede usted profundizar su vida de oración para que la misión cristiana progrese?
4. ¿Por qué es tan importante la unidad para multiplicar la obra de Dios en el mundo? Lea y medite Juan 17.
5. ¿Qué punto de vista compartió Arnold Guyot para ayudarnos a entender la historia? ¿Está predeterminada la historia providencial de Dios? ¿Qué cabida hay para el libre albedrío del hombre?

Capítulo 5

1. ¿Por qué cree usted que Dios usó al conde Zinzendorf y a los moravos para preparar al mundo para la primera ola de la misión moderna? ¿Qué costumbres o hábitos podemos aprender de los moravos para aumentar el éxito de nuestra misión?
2. ¿Por qué se llama a William Carey «padre de la misión moderna»? ¿Por qué fue su libro en torno a la evangelización del mundo *(Una investigación sobre la obligación de los cristianos de emplear recursos para la conversión de los paganos)* tan importante para cambiar el debate y el enfoque de la misión? ¿Por qué se volcó Carey en las costas de la India y del mundo?
3. ¿Cómo ayudaron el avivamiento moravo y el primer gran avivamiento a sustentar la primera ola de la misión moderna? ¿Qué papel jugó la oración en estos dos avivamientos?
4. ¿Qué grupo de personas intervino en la primera ola de la misión moderna? ¿Por qué fue así? ¿Por qué nombró la revista *Time* a Johann Gutemberg el hombre más importante de los últimos quinientos años? ¿Cómo cambió el mundo este invento?

Capítulo 6

1. ¿Fue David Livingstone fundamentalmente un misionero cristiano o un explorador aventurero? ¿Por qué Dios le guio a evangelizar y explorar el *interior* de África?

2. ¿Por qué razón fue J. Hudson Taylor uno de los estrategas misioneros más grandes de todos los tiempos? ¿Qué técnicas usó para cambiar la obra misionera posterior?
3. ¿Por qué cree usted que Dios usó jóvenes —el Movimiento Voluntario Estudiantil—, como fuerza misionera importante en la segunda ola de la misión moderna? ¿Cómo sigue él usando jóvenes en el presente?
4. ¿Qué vínculos hay entre los grandes avivamientos del siglo XIX y la explosión de la segunda ola de la misión moderna? ¿Qué importancia tuvieron las conferencias del monte Hermón y de Edimburgo?
5. ¿Cuál fue la suma más importante de personal incorporado a la segunda ola? ¿A qué razón fundamental se debió? ¿Por qué Latourette denomina el periodo 1815-1914 «el Gran Siglo» de la misión cristiana?
6. ¿Cómo ayudó la revolución industrial a la causa de las misiones? ¿Cómo puede la Era de la Información llevar a cabo cosas semejantes en el siglo XXI?

Capítulo 7

1. ¿Quiénes fueron los tres principales innovadores de la tercera ola de la misión moderna? ¿Qué contribución importante aportó cada uno de ellos?
2. ¿Qué especialización tuvo lugar en la tercera ola? ¿Qué aspecto de la especialización influyó en su vida?
3. El cristianismo se extendió hacia el sur y el oeste durante la tercera ola de la misión moderna. ¿Por qué sucedió esto? ¿Continuará esta tendencia en el siglo XXI? ¿Por qué o por qué no?
4. ¿Por qué piensa usted que la misión pentecostal estalló durante la tercera ola de la misión moderna? ¿Le ha impactado el hincapié en el poder del Espíritu Santo?
5. ¿Están usted o su iglesia implicados en evangelizar a pueblos inalcanzados? ¿Qué puede hacer usted para incorporarse a esta arremetida principal de la tercera y cuarta olas?

Capítulo 8

1. Repita y resuma las primeras tres olas de la misión moderna. ¿Por qué fueron necesarias para preparar el terreno para la cuarta?
2. ¿Qué tienen de especial los avivamientos del siglo XX? ¿Qué país en los últimos setenta años ha visto el mayor despertamiento de almas a la vida de Cristo? ¿Qué significa esto para el siglo XXI?
3. ¿Le ha afectado a usted algún movimiento o embestida de oración en los últimos cuarenta años? ¿De qué modo el espíritu de unidad ha sostenido y multiplicado corrientes de intercesión por todo el mundo?

4. ¿Qué nuevo rostro de la misión surgió hacia el final de la tercera ola? ¿Por qué es esto importante? ¿Cómo le ha afectado este aumento de la fuerza misionera global?
5. ¿Qué adelantos tecnológicos han acelerado ostensiblemente la evangelización mundial en los últimos cien años? ¿Cuál o cuáles son los más importantes para usted?

Capítulo 9

1. Comente los movimientos misioneros que se muestran en el Gráfico 1. ¿Cuál o cuáles impactaron su herencia (nación), guiándole a la salvación de Cristo?
2. ¿Qué cambio en la demografía cristiana ha tenido lugar en los últimos 250 años? ¿Reconocería William Carey el mundo actual? ¿Por qué o por qué no?
3. ¿Estamos progresando para alcanzar a los pueblos no evangelizados del mundo? ¿Qué pueden usted y su iglesia hacer para contribuir a este objetivo?
4. ¿Qué grupo de personas se está añadiendo a la fuerza misionera mundial? ¿Qué aspecto tendrán los misioneros del siglo XXI? ¿De qué países serán enviados en su mayoría?

Capítulo 10

1. ¿Qué limitaciones tuvieron las tres primeras olas de la misión moderna en términos de personal misionero? ¿Cómo cambiará esto en la cuarta ola de la misión moderna?
2. ¿Cómo pueden los niños y los jóvenes involucrarse en actividades misioneras en el siglo XXI? ¿Cómo puede usted como joven, o como adulto, animar a la juventud a alistarse en la cuarta ola de la misión moderna?
3. ¿Cómo pueden contribuir los santos de mayor edad en esta época? Comparta algunos ejemplos de jóvenes y mayores que han contribuido recientemente a la misión global.

Capítulo 11

1. ¿De qué país o región procedieron principalmente los misioneros de la Iglesia Primitiva? ¿De qué continente procedieron principalmente los misioneros de la primera ola?
2. ¿Cómo aumentó el personal misionero durante la tercera ola? ¿Qué tendrán de especial los misioneros de la cuarta ola?
3. ¿Qué dos países pueden ser estratégicos para el avance de la misión en el siglo XXI? ¿Qué debe suceder para que ellos causen un impacto global?
4. ¿Por qué son tan importantes los movimientos de fundación de iglesias? ¿Cómo pueden usted y su iglesia participar en este método vital de multiplicación durante la cuarta ola de la misión moderna?

Capítulo 12

1. ¿Cuánta gente se identifica hoy como cristiana? ¿Cuántos han oído acerca de Cristo? ¿Cuántos no?
2. ¿Cree usted que los cristianos del siglo XXI pueden completar la Gran Comisión? ¿Por qué o por qué no?
3. ¿Por qué son tan importantes iniciativas como Call2All y el Proyecto 4K? ¿Hay una Zona Omega, ciudad o nación que Dios haya puesto en su corazón?
4. Busque a Dios y propóngase como meta un pueblo o país concreto. Conozca sus necesidades, ore por ellos para que conozcan a Jesús.

Capítulo 13

1. ¿Cómo han aumentado los inventos de la radio y la televisión nuestra capacidad de evangelizar el mundo para Cristo? ¿Los ha usado Dios en su vida para enseñarle o acercarle a la fe?
2. ¿Cuál es la película más proyectada de todos los tiempos? ¿Por qué es el cine un medio tan poderoso de narración?
3. ¿Qué porcentaje del mundo no sabe leer o prefiere no hacerlo? ¿Cómo pueden llenar ese vacío los métodos orales?
4. ¿Cómo puede la era digital transformar la evangelización? ¿Cómo han potenciado el uso de las computadoras, la disponibilidad de internet, y la proliferación de teléfonos celulares su capacidad de predicar el evangelio? ¿Cómo puede usted usar estos medios según su propio estilo misionero?

Capítulo 14

1. ¿Cuál es el factor principal que ha hecho crecer la evangelización relacional? ¿Fueron las relaciones importantes para su conversión y/o discipulado?
2. ¿De qué manera el advenimiento de la televisión estimuló métodos de comunicación a través de las relaciones? ¿Serán las redes sociales una fuerza en la nueva ola de misión que se aproxima? ¿Por qué o por qué no?
3. Reflexione sobre, o comparta experiencias próximas, basadas en relaciones cercanas que hayan influido en usted o en personas que usted conoce. ¿A quién conoce usted para mostrarles el aspecto gentil y compasivo de Jesús? ¿Cómo les puede evangelizar?

Capítulo 15

1. ¿Existe tal cosa como un evangelio incompleto? ¿Cómo hemos perjudicado al avance del evangelio en tiempos pasados por haber predicado un mensaje incompleto?

2. ¿Qué significa discipular una nación? Cuando Jesús dijo que había recibido toda autoridad en el cielo y en la tierra, ¿cómo se aplica esto a las áreas de influencia de la cultura humana?
3. Repase las siete esferas de la sociedad. ¿Por qué son importantes estas áreas de liderazgo cultural? ¿Qué sucede a los países que no se les ha enseñado todos los caminos de Cristo?
4. ¿Cree usted que ha sido llamado a ocupar una de las siete esferas? ¿Qué pasos puede dar para introducir las enseñanzas completas de Jesucristo en ese ámbito de la sociedad?

Capítulo 16

1. ¿Qué cinco cosas puede usted hacer durante la cuarta ola de la misión moderna para vivir y actuar como «cristiano global»? ¿Dónde hay un buen lugar para comenzar?
2. ¿Cuál es su meta o territorio de misión personal? ¿Qué puede hacer para impactar una porción del mundo para Cristo?
3. ¿Qué «relato misional» le ha inspirado más y por qué? ¿Cómo puede usted empezar a vivir su propia historia?
4. ¿De qué manera pueden todos participar en la cuarta ola de la misión moderna?

Capítulo 17

1. ¿Cómo puede cultivar una actitud misional en usted y en otros?
2. ¿Cómo debemos reformar la educación cristiana para involucrar a los estudiantes en la cuarta ola? ¿Qué puede hacer usted en su iglesia, confraternidad o centro de estudios para contribuir a ese objetivo?
3. ¿Qué tareas restan por hacer para evangelizar el mundo? Visite las páginas web mencionadas en el apéndice y descubra maneras en las que se puede involucrar.
4. Después de orar y de investigar, adopte un pueblo no evangelizado y enfóquese en él durante su vida. Ore por ellos. Apoye económicamente a los que trabajan en su medio. Tómese unas vacaciones en el país de su elección. Recuerde que usted pertenece a la generación que puede ser testigo del retorno de nuestro Rey.